TEXTES LITTERAIRES

Collection dirigée par Keith Cameron

LXXXII

DYNAMIS

DYNAMIS.

REYNE DE CARIE.

TRAGE-COMEDIE.

DE P. DV-RYER.

A PARIS,

Chez Antoine de Sommaville, au Palais, dans la Salle aux
Merciers, à l'Efcu de France.

M. DC. LIII.

AVEC PRIVILEGE DV ROY.

40!

(5)

PIERRE DU RYER

DYNAMIS

Edition critique
par
Jean Rohou

University of Exeter Press
1992

First published in 1992 by
University of Exeter Press
Reed Hall
Streatham Drive
Exeter EX4 4QR
UK

British Library Cataloguing in Publication Data
A catalogue record for this book is available
from the British Library

ISSN 0309–6998
ISBN 0 85989 376 6

Typeset by Penny Amraoui
Printed in the UK
by Antony Rowe Ltd, Chippenham

INTRODUCTION

LA VIE ET L'OEUVRE DE PIERRE DU RYER(1)

Pierre Du Ryer - qui n'est pas noble, malgré cette apparente particule - est né vers 1600 dans une famille d'officiers, c'est à dire de membres de l'administration de la justice. Ce milieu social était généralement monarchiste, légaliste, nationaliste et moraliste, ce que sera effectivement notre auteur. Son père Isaac, par ailleurs poète, achète une charge de secrétaire de la chambre du roi vers 1606. En 1621 ou peu avant, il la cède à Pierre qui la revendra pour acquérir celle de conseiller et secrétaire du roi et de ses finances en octobre 1625, charge qu'il revendra le 6 novembre 1633.

D'abord poète lyrique, comme son père et la majorité des écrivains du premier quart du siècle, Pierre Du Ryer se tourne bientôt vers le théâtre, qui va dominer à partir de 1628, parce que la discipline qui s'impose alors convient à ce genre structuré par ses conditions de représentation et parce qu'il est apte à exprimer les conflits de l'époque de Richelieu.

Sa première pièce, *Arétaphile*, représentée au plus tard au printemps 1628, lui vaut les foudres du vieux Hardy, qui dominait le théâtre depuis un quart de siècle. Il est l'un des protagonistes d'une petite querelle des Anciens et des Modernes, rejetée au second plan, la même année, par celle des unités, auxquelles il est d'abord peu favorable. De 1628 à 1634, il fait jouer une pastorale, une comédie et six tragi-comédies romanesques, conformes à la mode: l'amour y triomphe après des duels, emprisonnements, naufrages, enlèvements par des pirates, fausses morts, résurrections et autres péripéties. La politique n'est ici qu'un aspect secondaire, mais Du Ryer est déjà soucieux de morale - comme le montre le titre de sa première pièce, *Arétaphile*, l'amie de la vertu - et hostile à tous les tyrans.

---

(1) Liste des oeuvres dramatiques de P.Du Ryer (T: tragédie; T.C.: tragi-comédie), avec la date, parfois approximative, de leur première représentation, suivie de celle de leur publication - sauf pour les deux premières, restées inédites. *Arétaphile*, T.C., 1628, *Clitophon*, T.C., 1628, *Argénis*, T.C., 1629, 1630, *Lisandre et Caliste*, T.C., 1630, 1632, *Amarillis*, Pastorale, 1631-33, 1650, *Alcimédon*, T.C., 1632, 1634, *Les Vendanges de Suresnes*, Comédie, 1633, 1635, *Cléomédon*. T.C., 1634, 1636, *Lucrèce*, T.1636 ou 37, 1638, *Alcionée*, T., 1637 ou 38, 1640, *Clarigène*,T.C., 1637 ou 38, 1639, *Saül*, T., 1639 ou 40, 1642, *Esther*, T., 1642, 1644, *Scévole*, T., 1642-43, 1647, *Bérénice*, T.C., 1644, 1645, *Thémistocle*, T., 1647 ou 48, 1649, *Nitocris*, T.C., 1648-9, 1650, *Dynamis*, T.C., 1649 ou 50, 1652, *Anaxandre*, T.C., 1653, 1655.
En 1646, Du Ryer fut élu à l'Académie française, contre Corneille. Il mourut en 1658, peu après avoir reçu le titre d'historiographe de France et une pension.

Les conflits et déchirements de *Cléomédon*, écrite pendant l'hiver 1633-1634 et jouée au carnaval, annoncent la tragédie, qui - par suite de l'aggravation des conflits(2) et du triomphe de la régularité artistique - va revenir à la mode. De 1625 à 1633, on n'en avait créé que deux et en 1634, sur 71 pièces, le répertoire de l'Hôtel de Bourgogne n'en comptait que deux. On en montera quatre en 1634, cinq en 1635, neuf en 1636, dix en 1637. De 1636 à 1647, Du Ryer fera représenter six tragédies et seulement deux tragi-comédies, plus une intéressante comédie réaliste. Alors que ses premières pièces étaient complexes et duraient plusieurs mois, celles-ci respectent les unités d'action, de temps et de lieu. L'irrationnel, le fantastique, n'y ont guère de place, ni même le romanesque, sauf dans les tragi-comédies.

Toutes ces tragédies ont pour structure majeure le conflit entre le héros et un tyran, entre la valeur et le pouvoir. Cette structure, qui domine les deux tiers des tragédies entre 1635 et 1647 - et près d'un quart des tragi-comédies - était sensible dès *Arétaphile*. Elle s'accentue du fait de l'aggravation de la lutte contre Richelieu et de la situation personnelle de Du Ryer. Au début de 1634, il est devenu secrétaire de César de Bourbon, duc de Vendôme, fils naturel d'Henri IV, l'un des leaders de la noblesse et de la lutte contre Richelieu. Impliqué dans la conspiration de Chalais, celui-ci avait été emprisonné du 13 juin 1626 au 30 décembre 1630, ainsi que son frère, qui était mort en détention. Du Ryer le célèbre dans *Cléomédon*, histoire d'un fils naturel de roi vendu comme esclave par des pirates, qui s'impose par ses exploits et ses vertus avant même que sa naissance ne soit reconnue. De 1634 à 1639, toutes ses oeuvres seront dédiées à ce protecteur ou à ses enfants.

Lucrèce met en scène le viol de cette héroïne par le fils du roi de Rome, Tarquin, qui 'croit que la licence est un droit de couronne' (I,1). Elle se consacre surtout à plaindre la

> Malheureuse vertu, déité sans pouvoir

(dernière scène). Mais au dénouement le père et le mari de Lucrèce font serment de chasser les Tarquins - qui seront en effet renversés. Dans *Alcionée*, un roi fourbe et jaloux des prérogatives de l'absolutisme refuse la main de sa fille au héros éponyme, rempart de

---

(2) Le 10 Novembre 1630, la reine-mère croit obtenir le renvoi de Richelieu. En fait, c'est 'la journée des dupes'. Le garde des sceaux Marillac et son frère le Maréchal sont arrêtés; le frère du roi s'enfuit en Lorraine (février 1631) et sa mère à Bruxelles (juillet) d'où elle ne sera jamais autorisée à revenir. En 1632, le Maréchal de Marillac est exécuté (10 mai), son frère meurt en prison (7 août); le duc de Montmorency, qui est presque un vice-roi du Midi, se révolte, soutenu par le frère du roi, sa mère et toute l'opposition. Battu, il est décapité le 30 octobre. Enfin, l'on va vers la guerre contre l'Espagne, déclarée le 19 mai 1635.

son royaume, qui s'en tuera de douleur(3). Puis Du Ryer écrit deux tragédies religieuses, *Saül*(4) et *Esther*, qui lui permettent de renverser la situation dans le cours même de la pièce: Dieu accable l'impie tyrannique (Saül, Haman) et fait triompher celui qu'il allait écraser (David, Esther). Leçon: 'qui règne en tyran doit périr en coupable' (*Saül*, 1010). Mais (outre une étude intéressante du personnage de Saül, victime pathétique des passions et des grandeurs trompeuses de ce monde, qui est conscient de ses fautes et accepte noblement son destin), ces deux pièces amorcent un tournant en insistant sur le patriotisme des victimes, qui rend plus complexe leur rapport à l'Etat, même tyrannique. A l'époque, la concurrence entre nations centralisées étant toute récente, le sens de la patrie était peu développé: les féodaux opposés à Richelieu recherchaient sans scrupule l'alliance de l'Espagne. Trois ans après Rodrigue et juste avant Horace, David annonce Scévole et Thémistocle:

> L'amour de son pays est le feu qui l'allume
> (*Saül*, 517).

Après trois tragédies qui s'achevaient par la mort du héros éponyme, mais dont la troisième était néanmoins animée par une vision positive, celle-ci l'emporte dans les sept dernières pièces. *Esther*, c'est, en un sens, le péril et le salut d'une nation, où Esther et Mardochée se distinguent par la fidélité à leur roi, même quand il persécute leur peuple, tandis qu'Haman ne songe qu'à sa propre grandeur. C'est l'amorce d'une réconciliation entre le héros et l'Etat, qui se confirmera dans *Scévole* et *Thémistocle*, les deux chefs-d'oeuvre de Du Ryer, peut-être pour cette raison même: cette vision centraliste et patriotique avait assuré le dynamisme du *Cid* et d'*Horace*; car elle permet de tirer le meilleur parti d'une psychologie héroïque et d'un art rationaliste soumis aux unités.

En janvier 1641, soupçonné d'avoir voulu faire empoisonner Richelieu, Vendôme s'enfuit en Angleterre. Ce départ rend à Du Ryer sa liberté. Quand le duc revient en 1643, après la mort du ministre, il ne semble pas avoir repris sa place de secrétaire. Il vivra pauvrement, de ses pièces et surtout de traductions(5) publiées sans dédicace et

---

(3) Contrairement aux précédentes, cette pièce n'est pas dédiée à Vendôme, mais à une nièce de Richelieu. Cela n'implique pas un ralliement politique; l'emprise du cardinal sur la vie culturelle, et notamment théâtrale, devenait pressante.

(4) Dans la *Bible*, Saül est châtié pour avoir désobéi à Dieu. Contrairement à ceux qui avaient traité le sujet avant lui, Du Ryer ne se place guère dans cette perspective et fonde sa pièce sur un conflit politique entre un roi trop jaloux de son pouvoir et un guerrier trop prestigieux.

(5) Notamment Strada (*Histoire de la guerre de Flandre*, 1644), Hérodote (1645), De Thou (*Histoire*, 1649), Tite-Live (1653), Polybe (1655), Ovide (*Métamorphoses*, 1655), une bonne vingtaine d'oeuvres de Cicéron (de 1638 à 1657), une dizaine de Sénèque (1647-1651).

émaillées de réflexions morales et politiques(6), 'pour comparer les vertus de notre temps avec les vertus anciennes' (7).

Cette liberté retrouvée, cette réflexion qui replace Du Ryer dans la tradition de son milieu de robins serviteurs de l'Etat, accentuent l'évolution de son oeuvre, tout comme la décevante cabale des Importants (1643), animée par le duc de Beaufort, fils de Vendôme, qui montre l'impuissance vaniteuse des chefs de l'opposition: ils ont perdu prise sur les réalités; leur avidité intéressée, leur façon de se pavaner maintenant qu'on ne risque plus sa tête, ne pouvaient que choquer un moraliste comme Du Ryer. *Scévole* et *Thémistocle* réconcilient l'amour et la raison - qui règne sur les passions chez Scévole, Junie, Porsenne et Arons -, l'héroïsme et le patriotisme(8), la valeur morale et le devoir d'Etat. *Scévole* exalte Rome - qui symbolise souvent, à l'époque, l'oppression étatique -: non seulement la Rome républicaine révoltée contre la tyrannie, mais celle qui connaît 'le juste respect que l'on doit aux vrais rois' (1302). En chassant un tyran qui 'souille [...] la majesté royale' ,

> Rome a donné de glorieuses marques
> De ce juste respect qu'elle a pour les monarques.
> Peut-elle mieux montrer qu'elle honore les rois
> Qu'en punissant celui qui dérobe leur droits?
>
> (849-854)

La structure de *Thémistocle* est identique à celle d'*Esther* et de *Scévole*: un vertueux patriote, un favori criminellement ambitieux, un bon roi qui considère que son premier devoir est d'honorer la vertu de ses fidèles sujets. Le rééquilibrage se poursuit en faveur du roi. Le patriotisme triomphe chez le protagoniste. Honteusement chassé de sa patrie qu'il avait sauvée, il domine sa 'juste furie' contre ce 'pays ingrat' (1929-1939) et refuse, au péril même de sa vie, de porter les armes contre la Grèce: la patrie est une valeur intangible. Mais, en même temps, Thémistocle se refuse à toute entreprise contre l'état perse. De son côté Xerxès l'admire et le marie à sa nièce: contrairement au roi d'*Alcionée*, 'il sait honorer les hommes généreux'. Ce sont les derniers mots d'une pièce où se confirme la réconciliation du héros et de l'Etat.

---

(6) Ses traductions le montrent soucieux de morale et curieux de 'cette science que tant de monde croit savoir et que tant de monde ne sait pas, je veux dire la politique': même les *Métamorphoses* d'Ovide sont présentées 'avec explications morales et politiques' (préface de cette traduction, 1655).

(7) Traduction de *L'Histoire de la guerre de Flandre* de Strada, t.II, Au lecteur.

(8) Rappelons que, de la Ligue à la Fronde en passant par les complots contre Richelieu, les ennemis du pouvoir d'Etat étaient conduits à s'allier à l'ennemi national: l'Espagne.

Dans la crise de la Régence, sous le machiavélisme de Mazarin, aux approches de la Fronde, un tel optimisme ne pouvait résister aux faits ni au développement du pessimisme. Participant au repli général et au glissement de l'héroïque dans le romanesque, Du Ryer revient à la tragi-comédie. Les dénouements sont heureux, mais les héros positifs assez fades en regard des intrigants. *Bérénice*, tragi-comédie en prose (1644), met en scène deux amours que l'on croit impossibles à cause d'une consanguinité secrète: tout se termine bien, car les couples qui se forment n'étaient pas ceux que l'on croyait. Dans *Nitocris* (1648), cette reine préfère à un grand seigneur moralement médiocre et naguère rebelle, Cléodate, moralement et militairement remarquable, mais de médiocre naissance. Malheureusement, il en aime une autre. Elle finit par vaincre sa passion, marie les amants et restera célibataire. L'intrigue de *Dynamis*, sur un sujet voisin, est, elle aussi, rationnelle et légèrement politique. *Anaxandre* (1653) revient au romanesque. Alphénor a capturé Anaxandre. Il espère que cet exploit lui vaudra l'amour de Céphise. Mais elle s'éprend du prisonnier...qui lui préfère sa soeur, dont Prodote est amoureux. Celui-ci distille les fausses nouvelles pour brouiller les amants. Mais le dénouement sera heureux.

DYNAMIS

Historiquement représentative, facile à lire, captivante, *Dynamis* méritait une réédition. Ecrite au début de la Fronde, cette pièce témoigne du repli relatif de la pratique littéraire à un moment où l'inquiétude pousse au divertissement et où s'affirme la résistance à la discipline monarchique et rationnelle. Après douze ans de tragédies, Du Ryer revient à la tragi-comédie, plus conforme au romanesque en vogue depuis 1643. Mais ce n'est pas le retour aux libertés de 1630: *Dynamis* est un bel exemple de tragi-comédie régulière, qui respecte logique, bienséances et unités.

D'où l'intrigue, à la fois claire et captivante, d'une histoire d'amour doublée d'un roman policier. Qui a tué le roi? Qui l'emportera, des parfaits amants ou des redoutables intrigants? La reine va-t-elle triompher, abdiquer, être renversée? L'admirable Poliante n'est-il qu'un odieux criminel? Révélations et coups de théâtre se succèdent. *Dynamis* est prête pour une adaptation cinématographique à grand succès. Il est intéressant de comparer les faiblesses et les habiletés de cette tragicomédie à celles des mélodrames d'hier et d'aujourd'hui.

Sous le plaisir, l'émotion et la réflexion. Quelques passages mériteraient d'être rapprochés de *Bérénice*. Trasile nous montre la liaison entre l'ambition machiavélique mise en scène par Corneille à partir de *Rodogune* et la frustration tragique d'un Taxile, d'un Narcisse, d'un Néron. Enfin, à la veille du triomphe de l'absolutisme, *Dynamis* nous invite à réfléchir sur les droits et les devoirs du monarque et de ses sujets, sur les rapports entre morale et politique.

Une tragi-comédie classique

Dynamis est bien une tragi-comédie: elle met en scène les difficultés et le triomphe final d'un bel amour; contrairement à ceux de la comédie, les personnages et le style sont nobles et le réalisme est exclu; contrairement à ceux des tragédies, le sujet n'est pas historique, mais imaginé. H. C. Lancaster affirme que Du Ryer s'est inspiré de Dion Cassius. En fait, les deux textes n'ont guère en commun que le nom de Dynamis. On lit chez Dion qu'en 14 avant Jésus-Christ, 'les troubles qui s'étaient élevés dans le Bosphore Cimmérien furent apaisés. Un certain Scribonius, en effet, prétendant descendre de Mithridate et avoir reçu d'Auguste ce royaume, par suite de la mort d'Asander, avait épousé la femme de ce prince, nommée Dynamis, en possession de la souveraineté de son mari, laquelle Dynamis était fille de Pharnace et descendait véritablement de Mithridate, et il cherchait à s'approprier le Bosphore. Informé de ces faits, Agrippa envoya contre lui Polémon, roi de la partie du Pont voisine de la Cappadoce. Celui-ci ne trouva plus Scribonius vivant (les habitants du Bosphore, instruits des desseins de Scribonius, l'avaient déjà mis à mort); mais une résistance de la part de ces populations qui craignaient qu'on ne le leur donnât pour roi, le força d'en venir aux mains avec eux. Il remporta la victoire, mais sans pouvoir les soumettre jusqu'à l'arrivée à Sinope d'Agrippa, qui se disposait à marcher contre eux. Alors ils déposèrent les armes et furent livrés à Polémon, dont Dynamis, avec l'approbation d'Auguste, devint l'épouse'(9). Comme on le voit, l'action n'a guère de rapport avec notre pièce, outre que Du Ryer la transporte du Bosphore cimmérien en Carie, c'est à dire de Crimée au Sud-Ouest de l'Asie Mineure. Tout au plus peut-on dire que le nom de Poliante ressemble un peu à celui de Polémon.

Nous ne sommes plus dans le dynamisme libertaire du premier tiers de siècle. A partir de 1640, régularité et rationalité tendent à s'imposer même à la tragi-comédie. De 1628 à 1634 celles de Du Ryer comme les autres comportaient plusieurs épisodes, émaillés de déguisements, reconnaissances, enlèvements, duels, assassinats et dont l'enchaînement n'était pas toujours logique. Elles mettaient en scène jusqu'à vingt personnages, sans compter les figurants, y compris, dans les rôles secondaires, des bourgeois et des gens du peuple; elles mêlaient le sérieux et le bouffon; elles se déroulaient sur plusieurs mois ou années,

---

(9) *Histoire romaine*, LIV, 24. Traduction Boissée, Paris 1856.

en plusieurs lieux ou pays. Les quatre dernières ne mettent en jeu que sept ou huit personnages, tous nobles(10) . Elles ne présentent sur scène aucune violence, respectent les bienséances et les unités de temps - au prix bien sûr, d'une journée très chargée -, de lieu(11) , de milieu social, de ton et même d'action. Il est vrai que *Dynamis* traite à la fois une intrigue amoureuse: qui la reine épousera-t-elle? et une intrigue politique: va-t-elle garder le pouvoir, abdiquer, être renversée? Mais les deux problèmes sont très liés. Lancaster est injustement sévère en affirmant 'qu'aucun des deux ne dépend de l'autre' . Arcas veut la reine et le pouvoir, Poliante défend à la fois celle qu'il aime et l'ordre légitime, et c'est parce qu'il rejette l'amour au profit de l'ambition que Trasile - politiquement défavorisé pour n'être fils que de l'amour - est odieux et échoue.

En comparaison de celles de jadis, l'intrigue de ces dernières tragi-comédies est simple et cohérente, surtout dans *Dynamis* et encore plus dans *Nitocris*. Elle dépend en bonne partie, du moins en apparence, des caractères et l'analyse psychologique a presque autant d'importance que l'invention dramatique. Toutefois, *Dynamis* n'a pas en ces domaines la rigueur de *Nitocris*: caractères moins fermes, intrigue plus lâche et plus mélodramatique, au déroulement plus arbitraire. L'histoire du meurtre du roi reste longtemps mystérieuse et son élucidation suit des voies romanesques.

Résumé

Acte I.   Trasile, frère naturel de Dynamis, reine de Carie et veuve, n'aspire qu'à prendre sa place par n'importe quel moyen:

> Les sceptres sont à ceux qui peuvent les ravir
> Et leur excuse ensuite est de s'en bien servir (47-48)

Son ambition est excitée par la princesse Proxène qui l'aime, machiavélique comme lui: fussent-ils sanglants,

> Tous [l]es chemins sont beaux quand le trône est au bout (88)
> Un succès favorable efface mille crimes
> Et de quelques rigueurs qu'on se soit revêtu,
> Le crime qui triomphe est appelé vertu (26-28)

---

(10) Il y a dans *Dynamis* un 'vieux fermier du roi de Carie'. Ne le prenez pas pour un paysan. C'est un financier, qui *prend à ferme* c'est à dire *loue* la jouissance d'une partie des impôts indirects. L'état d'ancien régime ne levait pas lui-même les impôts indirects; il les affermait à des fermiers, traitants ou partisans (trois termes forgés sur l'idée de contrat) qui lui en avançaient le montant (moins une remise de 15 à 30% plus autant de frais et fraude) et le récupéraient sur les contribuables, avec l'appui de la force publique. Notre "vieux fermier", s'il n'est pas noble d'origine, a été anobli par le roi, en considération de cette charge ancienne et importante. Il fait même partie de la Cour (1220).

(11) Il y en a encore deux dans *Bérénice*.

De son côté, l'ambitieux Arcas est amoureux de la reine, ou plutôt de son trône. Curieusement, Trasile favorise sa passion. Il s'en explique: à tort ou à raison, l'on soupçonne Arcas d'avoir tué le roi, mort au cours d'une récente bataille. Ainsi,

> Comme Arcas est partout un grand objet de haine,
> L'aversion publique ira jusqu'à la reine
> Si la reine, oubliant et sa gloire et sa foi,
> Peut donner son amour au meurtrier du roi (105-108)

Mais Dynamis est éprise de Poliante, roi de Lycie, qui séjourne à sa cour. Pour l'éloigner, Trasile a 'semé le discord partout dans ses Etats' (160).

Premier coup de théâtre dès la scène 2: malgré tous ses conseillers, gagnés par Trasile, Dynamis, qu'anime le soin de sa 'gloire' (170), refuse d'épouser le 'sanglant assassin d'un époux et d'un roi' (188). Son frère essaie en vain de la persuader et finit par prétendre qu'il ne le faisait que pour vérifier sa vertu. Elle lui avoue qu'elle aime Poliante. Mais elle ne l'épousera pas. Trasile proteste de son 'zèle' et de sa 'foi' envers elle (337). Mais en fait, il ne renonce nullement à son ambition criminelle:

> Qui vit sans la grandeur est privé de son âme.
> Suivons ce que la rage a de plus violent,
> Le trône est toujours beau, quand même il est sanglant.
> Si ce n'est pas assez de faire agir un crime,
> Pour monter aisément à ce degré sublime,
> Nous en commettrons mille, et quand nous régnerons,
> Vainqueurs et souverains, nous nous en absoudrons.
>   (I,3,346-352)

Acte II.   Dynamis confie à Poliante que, contrairement à toute habitude, elle traverse un moment de faiblesse. Il lui offre une aide sans défaillance. Elle lui annonce qu'il doit la quitter....au moment précis où elle lui avoue qu'elle l'aime. Il s'y résoud avec une telle facilité qu'elle doute de son amour, et le lui dit. Il s'explique. Elle lui avoue la raison de cette demande: il doit partir pour éviter la vengeance de leurs 'secrets ennemis' qu'elle se promet de découvrir (508).

A ce moment même, l'on annonce qu'Arcas arrive, avec des troupes; le bruit court que c'est 'par l'aveu de la reine', qui veut l'épouser en paraissant contrainte de le faire, et qu'elle a renvoyé Poliante pour que rien ne s'oppose aux entreprises d'Arcas. Poliante offre son secours (I, 2). Dynamis l'en remercie: elle fera voir au traître

> qu'une femme seule est toujours assez forte
> Quand l'amour de l'honneur l'anime et la transporte (561-562)

Survient Trasile pour annoncer à Poliante une rébellion dans ses états. Mais celui-ci sait que cette révolte est majorée par un faux bruit dont il connaît la source. Il refuse donc, malgré Trasile et Dynamis, de partir avant d'avoir assuré le triomphe de celle-ci; ensuite il n'en domptera que mieux ses propres rebelles. Le triomphe est aisé

> Quand le coeur d'un amant pousse le bras d'un roi (632).

Mais Dynamis craint que les traîtres ne l'emportent. Pour se mettre à couvert de tout péril elle décide

> De donner sa grandeur pour conserver sa gloire (706),

c'est à dire de renoncer au trône au profit de son frère, qui accepte en affirmant qu'il le lui rendra après avoir vaincu Arcas. Plein d'admiration, Poliante offre à Dynamis son trône avec son coeur et sa soeur à Trasile, ce qui enflamme la jalousie de Proxène, qui a tout entendu (II, 4) et ne voulait épouser Trasile que pour être reine.

Acte III.   Proxène dit à Poliante que Trasile refuse la main de sa soeur: il ne la croit pas (III, 1). Dynamis est prise de scrupules: renoncer au trône,

> N'est-ce pas à sa honte et dire et témoigner
> Ou qu'on a régné mal ou qu'on ne peut régner?
> ....
> Régnons pour nous venger d'une âme audacieuse
>   (847-848 et 885)

et pour être aussi puissante que celui qui m'aime:

> Ce me serait sans doute une honteuse loi
> D'être reine par lui, pouvant l'être par moi (891-892)

Dynamis précise à Trasile que, par souci de sa gloire, elle veut vaincre avant de lui céder le trône. Trasile annonce qu'Arcas demande qu'on reçoive ses envoyés. Dynamis refuse: qu'il vienne demander grâce ou elle ne le verra qu'enchaîné (III, 3).

Trasile estime que l'abdication prévue puis différée lui donne des droits (III, 4):

> Non, je n'épargnerai ni le sang ni la peine.

Proxène menace Trasile

> sachez qu'un méchant ne doit point outrager
> Quiconque sait son crime et qui peut se venger
>   (1047-1048)

Trasile médite sur cette menace et conclut:

> Par une prompte mort il faut m'en délivrer (1071)

Malheur: il l'aperçoit qui va chez la reine; il s'y précipite. La reine ne reçoit pas:

> Quelqu'un en diligence
> Est venu pour lui dire un secret d'importance (1089-90)

Trasile se croit perdu. Coup de théâtre: ce qu'on vient d'annoncer à Dynamis c'est que l'assassin du feu roi n'est autre que Poliante(12). C'est ce que vient de révéler un témoin qui l'a vu

> Qui retirait du corps du Roi mourant ou mort
> Un poignard effroyable avec un grand effort (1143-1144)

Il n'avait pu le dire, ayant été jusqu'à ce jour prisonnier des ennemis (III, 9).

Acte IV.   Proxène révèle à la reine que Trasile veut la pousser à épouser Arcas pour que cette 'infamie' lui permette de prendre sa place (IV, 1). Les représentants de la population - les 'députés' - viennent dénoncer le complot d'Arcas, exigent son châtiment et font l'éloge de Poliante, seul

> Digne de vous aider à porter la couronne (1274).

Trasile conseille à Dynamis de punir ces députés qui osent lui dicter sa conduite. Elle veut au contraire suivre leurs bons conseils.

Trasile rejoint toutefois les députés sur un point: il conseille à sa soeur d'épouser Poliante. Elle refuse avec indignation et soudain elle voit clair dans son jeu: il veut la compromettre en lui faisant épouser celui qu'on soupçonne d'avoir tué le roi. 'Il faut pour ton bien que j'aime un parricide' (1370): jusqu'ici Arcas, maintenant Poliante. Elle l'arrête (IV, 5). Monologue de Dynamis qui déplore son sort: il lui faut condamner et son frère et son amant:

> Hélas jusqu'à ce point mon malheur est extrême,
> Que s'il faut me venger, c'est sur tout ce que j'aime
>   (IV, 6, 1393-94)

Elle interroge Poliante. Il raconte qu'il a trouvé le roi baignant dans son sang et qu'il a arraché le poignard dont il était transpercé. Il proteste que toute son attitude interdit de le soupçonner. D'ailleurs, il va se battre avec Arcas, le forcer à l'aveu ou mourir (IV, 7). Nouveau monologue de Dynamis, désemparée (IV, 8).

Acte V.   Dynamis demande à Proxène de répéter devant Trasile les accusations qu'elle porte contre lui - et qu'elle explique par une indignation vertueuse alors qu'elles proviennent de sa jalousie (V, 1). Mais il s'est enfui, tout comme Poliante, ce qui confirme leur culpabilité (V, 2). Malgré son amour, Dynamis assumera son devoir de

---

(12) Le héros positif de *Nitocris*, Cléodate, est, lui aussi, faussement accusé de la mort d'un roi.

vengeance (V, 3). Mais voici Poliante. Il a vaincu ses ennemis. Arcas, à qui la reine a fait révéler les menées de Trasile, s'est jeté sur celui-ci. Ils se sont entre-tués; on les amène, mourants. Arcas avoue le meurtre du roi et ses intrigues pour s'emparer du pouvoir. Il dénonce Trasile, son 'complice' (1906). Celui-ci refuse d'avouer et de se repentir. On les porte en coulisse où ils meurent; au dernier moment, Trasile est 'pressé d'un remords dévorant' (1967). Dynamis épousera Poliante.

Structure dramatique

Comme on le voit, l'action est dynamique, bien agencée, palpitante. La structure dramatique, conformément à l'esprit de la tragi-comédie, est dominée par un renversement du négatif au positif. La phase négative se décompose en deux moments: d'abord l'accumulation des périls sur la tête des bons, puis, quand la fermeté de Dynamis, l'échec de la rébellion chez Poliante et la jalousie de Proxène semblaient garantir l'espoir, l'horrible soupçon qui vient désunir les amants. Ce moment central de l'acte III est particulièrement réussi. A l'instant même où le traître se croyait démasqué, on assiste au contraire à la dénonciation du héros.

Contrairement à ce qu'en dit Lancaster, le dénouement résulte de la situation et des caractères. L'ambition de Trasile le pousse à abandonner sa complice Proxène au profit de la soeur de Poliante - qui arrive là, il est vrai, avec plus d'opportunité que de vraisemblance, sans la moindre préparation. Elle le dénonce donc. Puis Dynamis, afin de désunir ses ennemis pour mieux les vaincre, fait révéler à Arcas les projets de Trasile, qui veut l'éliminer après s'être servi de lui et par l'effet même du service qu'il lui a rendu, en assassinant le roi. Il y a là une logique bien connue - l'élimination du complice gênant, transformé en bouc émissaire -, dramatiquement et psychologiquement intéressante, et fort simple dans son principe. Elle conduit droit au dénouement et même à une morale:

Ainsi deux criminels sont bourreaux l'un de l'autre   (1970)

Ce scénario à la fois romanesque et moralement cohérent - au prix d'une relative simplification des caractères - permet d'entrelacer une intrigue machiavélique, une résistance héroïque (avec son idéalisme un peu fade, et ses moments de renoncement), une enquête policière - avec rumeur, révélations, confrontation -, un roman d'amour, une réflexion sur les problèmes politiques.

L'ensemble est à la fois clair et prenant. Les rebondissements renouvellent sans cesse l'intérêt. L'odyssée de la pauvre Dynamis est pathétique sans sombrer dans la facilité, même si le style est parfois doucereux, parfois excessif:

Je ne vois que poisons, que poignards, que cercueils;
Je vais de gouffre en gouffre et d'écueils en écueils (1231-32)

L'exposition part de l'irritation de Proxène contre les hésitations de Trasile, ce qui la rend animée et justifie que celui-ci nous dévoile et la situation et ses projets. Les fins d'actes nous laissent en appétit. Il y a plusieurs revirements assez vifs; parfois un peu trop: dès son entrée à la sc.2, Dynamis ruine tout le plan que Trasile vient d'exposer: non seulement elle s'indigne à l'idée d'épouser Arcas, mais elle veut 'percer les coeurs d'où viennent ces desseins' (192). L'acuité des confrontations est parfois soulignée par l'ironie dramatique: Dynamis indignée se précipite vers le traître, comme Britannicus vers Narcisse:

Ha, Trasile, ha mon frère, en vous seul aujourd'hui
Ma gloire qu'on attaque espère de l'appui.
Inspirez à mon âme un excès de vengeance...(179-181)

Poliante confirme à Proxène l'infidélité de Trasile et s'apitoie sur le sort de celle qui l'aimait:

Si vous la connaissez, cachez-lui ce mystère (825).

Il y a certes quelques invraisemblances - comment se fait-il que Poliante n'ait jamais dit qu'il avait découvert le roi assassiné: ses justifications sont faibles - et d'heureuses coïncidences: notamment la concomitance entre la révélation de Proxène et celle d'Euristène, libéré précisément aujourd'hui, après un long esclavage. Comme le dit Lancaster, l'offre, par Poliante, de sa soeur à Trasile arrive sans aucune préparation et Dynamis revient sans raison suffisante sur sa proposition d'abdication(13) . En revanche l'intervention des députés, superflue selon Lancaster, me paraît capitale dans le projet politique de l'auteur. Enfin, la rébellion dans le royaume de Poliante, loin d'être un événement extérieur, est fort bien intégrée: elle n'est nullement développée pour elle-même et c'est une pièce importante de la stratégie de Trasile.

Mais le point faible ne relève pas de l'action. Au contraire. Ce sont certains discours un peu sentencieux et de fades galanteries, dans les deux cas légèrement trop longs: j'y reviendrai à propos du style. Ce sont les tourments et dévouements peu convaincants de l'héroïsme galant, à des moments où les enjeux et les risques sont peu sensibles.

---

(13) Outre sa fonction dramatique (accentuer le dépit et l'avidité de Trasile après cet espoir momentané, et permettre à Poliante de lui proposer sa soeur, ce qui conduit droit au dénouement), cette tentation d'abdiquer exprime un doute, une lassitude qu'on trouvait aussi dans *Thémistocle* et *Nitocris* et qui manifeste peut-être un certain découragement du moraliste Du Ryer devant la difficulté, les ingratitudes et les compromissions de la politique (cf.695-696).

Quand la reine demande à Poliante de partir, nous serions aussi émus que dans *Bérénice* si l'exigence de Dynamis était moins gratuite et l'acceptation du roi moins immédiate: on sent trop la traditionnelle mise à l'épreuve du dévouement galant. Pour compliquer le tout, un peu plus tard Poliante refusera obstinément de partir, pour défendre sa bien aimée contre la rébellion d'Arcas, malgré elle et quoiqu'elle le menace de ne plus l'aimer:

> Ainsi je ferai voir un amour plus parfait
> Lorsque je combattrai pour un coeur qui me hait (671-672)

Cette scène 4 de l'acte II, où Dynamis et Poliante, puis le frère et la soeur, puis de nouveau les amants font assaut de générosité - fausse chez Trasile, ce qui n'empêche pas Poliante de chanter leurs louanges, dans un dithyrambe ridicule, même s'il est délicieusement ironique au second degré - est d'autant plus fade qu'elle est trop longue (114 vers).

Les personnages

Deux types de personnages, conformément au manichéisme simpliste de ce mélodrame moral qu'est la tragi-comédie: les bons, un peu fades, conventionnels et rhéteurs, et les méchants, qui ont plus de relief.

Le rôle de Dynamis est de loin le plus long, avec 801 vers sur un total de 1998, dont quatre monologues qui font ensemble 165 vers. Son principal ressort, c'est le souci de sa 'gloire' , c'est à dire de son honneur, de ce qu'elle doit à l'idée qu'elle se fait d'elle même. 'Oui, ma gloire m'est chère' : voilà ses premiers mots; elle prononce vingt fois ce terme, dont trois dans ses onze premiers vers.

> Une femme seule est toujours assez forte
> Quand l'amour de l'honneur l'anime et la transporte. (561-562)

Tout - la perte du trône, la mort, la ruine de l'Etat - plutôt que le déshonneur, en l'occurence un mariage avec Arcas, soupçonné du meurtre du feu roi:

> Si l'Etat est sans lui proche du précipice,
> Que ma gloire se sauve et que l'Etat périsse.
> J'aime mieux voir tomber un trône malheureux,
> Que de le soutenir par des appuis honteux. (241-244)

Elle a une âme cornélienne, mais elle est moins politique que Rodrigue ou Horace: d'où la tentation d'abdiquer, pour se

> donner la paix
> Que les plus puissants rois ne possèdent jamais (695-696).

Et surtout elle est moins passionnelle que Camille, Emilie ou la Cléopâtre de *Rodogune*: elle peut vaincre ses sentiments jusqu'à sacrifier Poliante, s'il est coupable (1748-1760) - alors qu'elle pourrait, si elle n'avait pas de sens moral, éliminer l'unique témoin qui l'accuse (1347-48).

Sa gloire n'est pas une exigence inhumaine, mais une conscience morale soutenue par la fidélité à la mémoire de son époux. Elle a ses complexités, voire ses contradictions et ses faiblesses: elle connaît le dépit (419-426) et surtout, après avoir

> vu d'un oeil constant et d'un coeur invincible
> Tout ce que la fortune avait de plus horrible,

elle connaît aujourd'hui, comme Agrippine ou Athalie, la crise intime caractéristique du jour tragique:

> Cependant aujourd'hui qu'une profonde paix
> Semble de tous ses biens assouvir mes souhaits,
> Dans mon âme tremblante il se forme un orage
> Où se perd ma constance, où se perd mon courage;
> Et parmi cet effroi mon esprit abattu
> Cherche et ne trouve pas sa première vertu   (353-372)

Malgré sa douleur affective et morale, Dynamis n'est toutefois pas dénuée de sens pratique: elle conduit bien son enquête, maintient fermement son projet de vengeance (cf.1737-1744) et a poussé la ruse jusqu'à révéler à Arcas le complot de Trasile afin de désunir les complices (1829-1836). Enfin, sa réaction à la mort de son frère est plus machiavélique que sentimentale:

> Je profite en sa mort
> Au moins si ses pareils appréhendent son sort.
> Ainsi nous apprendrons et souverains et maîtres,
> Qu'un trône est bien fondé sur le débris des traîtres
>   (1971-1974)

Dans les couples idéaux, le premier rôle masculin est généralement plus faible que sa partenaire[14]: on ne peut guère lui donner autant de complexité affective et l'action, qui serait son royaume, n'est assez développée que dans le drame épique (*Le Cid, Horace*). Le rôle de Poliante ne fait même pas la moitié de celui de la reine: 379 vers contre 801 et nul monologue. C'est un grand capitaine qui a, pour les beaux yeux de sa belle, naguère 'remporté victoire sur victoire' (374). Mais ici il n'utilise ses talents que dans un seul combat dont le récit n'occupe que neuf vers (1840-1848): la rébellion suscitée par Trasile dans son royaume a été domptée sans qu'il ait eu à intervenir (797-804). C'est aussi un parfait amant, c'est à dire un homme tellement dévoué à sa belle qu'il n'a plus aucune personnalité. Ce dévouement réduit à peu de chose la scène où la reine lui demande de partir

---

(14) C'est vrai pour Britannicus, Bajazet, Xipharès, Achille.

(399 et s). Heureusement, il lui résiste peu après (617-672). Son enthousiasme naïf devant la feinte générosité de Trasile frise le ridicule (739-762). En revanche, quand il est calomnié, son attitude est digne (IV,7). Le dénouement est son triomphe: il prononce près des trois-quarts des vers de l'avant-dernière scène et les six derniers de la pièce.

Le thème du héros guerrier, sauveur de l'Etat et désireux d'épouser une reine ou une fille de roi, se trouvait déjà dans *Cléomédon, Alcionée* et *Nitocris.* Il prenait son relief du fait que ce héros était de basse ou médiocre naissance, ou cru tel (Cléomédon), ou du fait qu'on refusait sa demande (*Alcionée*) ou le préférait à un prétendant plus noble mais moralement et politiquement moins vertueux (*Nitocris*). Ici, Poliante roi et vertueux, a toutes les qualités, si bien qu'il n'y a de suspense qu'accidentellement, au moment où il est cru coupable.

Le rôle de Trasile est presque aussi long que celui de Poliante: 370 vers contre 379. Il est mieux réparti et comporte trois monologues (86 vers) Ame de la conspiration et traître à ses complices mêmes, c'est le principal moteur de l'intrigue et, par sa vigueur, le personnage le plus intéressant. Avide de pouvoir et résolument machiavélique, ce bâtard (119-120) a commencé par machiner le meurtre d'un roi qui était son père(15) . Du Ryer ne souligne nullement le dernier point, de crainte sans doute de rendre son personnage trop odieux et sa pièce subversive.

Il manoeuvre Arcas et les conseillers de la reine et fomente une rébellion au royaume de Poliante. Il est aussi très habilement hypocrite: constatant que Dynamis n'acceptera pour rien au monde d'épouser Arcas, il change d'attitude avec une inquiétante aisance:

> O nobles sentiments! ah pardonnez, Madame,
> A l'injuste soupçon qui glissa dans mon âme.
> Cette feinte douceur dont vous flattiez Arcas
> M'avait fait soupçonner un amour qui n'est pas;
> Et pour mieux m'éclaircir d'un soupçon si funeste,
> J'ai feint tout le discours que votre âme déteste.
> (293-298; cf.337-338)

Puis il vérifie subtilement les sentiments de sa soeur pour Poliante, qu'il conseillera d'épouser quand il croira ce mariage dangereux pour elle. Comme Oreste, c'est un peu un héros fatal:

> Il n'importe, avançons; c'est mon but et mon sort
> Ou d'emporter un sceptre ou d'embrasser la mort. (343-344)

---

(15) Et qui l'avait favorisé dans toute la mesure du possible (1917-1928).

Proxène (229 vers) joue un rôle essentiel dans l'exposition, où elle excite subtilement l'ambition de Trasile, et dans la perte de celui-ci, c'est à dire dans le renversement qui conduit au dénouement. Dans sa première fonction elle rappelle l'Emilie et dans la seconde le Maxime de *Cinna*, une pièce sur laquelle Du Ryer a beaucoup réfléchi notamment pour écrire *Scévole*. Avide, machiavélique et hypocrite, elle ne favorise le bon parti que par une jalousie vengeresse qu'elle présente comme la vertueuse réaction d'un 'coeur généreux et prudent' de qui 'la noble ardeur' préfère 'l'innocence à l'injuste grandeur' que lui promettait Trasile (1651-1656). Mais nul ne décèle les mobiles de cette dénonciation qui lui vaut l'éternelle reconnaissance de la reine.

Arcas ne paraît que dans la dernière scène et ne prononce que 29 vers. Mais il hante les esprits et le rôle de ce prince du sang (1119) qui, comme Condé, veut satisfaire ses passions par la force, est important. Avant même le début de l'action, il est suspect et son amour prétentieux irrite la reine. Puis il organise un putsch. Dans le meurtre du roi comme dans la rébellion, c'est la main armée de Trasile. Il est brutal, mais sincère. Contrairement à Trasile, il avoue ses crimes et les regrette. Et il a l'excuse d'une sincère passion pour Dynamis (1903-4, 1945-46).

Etude de quelques thèmes

En surface, c'est l'amour qui domine, comme il est normal dans la tragi-comédie. Chez le couple idéal, un bel amour moral, fier chez la dame(16), soumis chez son galant(17). Le conflit entre le devoir et l'exigence de la dame (617-713) est moins fort et moins convaincant que dans *Scévole*. Chez les autres, l'amour est une passion avide, violente, intéressée:

L'amour a plus d'attraits quand il est plus utile (1022)

'Je n'aime' en Trasile, dit Proxène,

Que l'illustre désir qui me ferait régner (788)

Le moment le plus fort est celui où Dynamis annonce à Poliante qu'il doit la quitter (399-404). On se croirait dans *Bérénice*. L'écriture dramatique en est bonne, mais la soumission du galant résoud aussitôt le problème. S'il rebondit, c'est pour un autre motif, moins émouvant, et dans un style raisonneur.

---

(16)   L'amour et ses feux
       Sont indignes de moi s'ils ne sont orgueilleux   (895-896).
(17) Ce qui rend cet amour conventionnel, sans vie. Du Ryer sait pourtant que
       l'amour n'est pas grand et n'est jamais extrême
       Quand on demeure encore absolu sur soi-même   (421-422).

Mais, en profondeur, c'est l'avidité qui anime l'intrigue. L'ambition de Trasile, n'est pas celle d'un héros épique, à la Rodrigue, mais celle d'un frustré envieux, figure caractéristique des tragédies et tragicomédies des années 1643-1650: voyez chez Corneille Cléopâtre (*Rodogune*), Marcelle (*Théodore*), Phocas (*Héraclius*), Prusias, Arsinoé, Attale (*Nicomède*). Du Ryer accorde une place importante à ce type, et depuis longtemps: Timante, Créon, Oronte (*Cléomédon*), Tarquin (*Lucrèce*), Alcire et Callisthène (*Alcionée*), Saül et Phalti, Haman (*Esther*), Tarquin (*Scévole*), Artabaze (*Thémistocle*), Araxe (*Nitocris*). Ces personnages font déjà partie de l'humanité qu'analysera La Rochefoucauld. Selon Trasile,

> l'ambition doit garder cette loi
> De haïr tout le monde et de n'aimer que soi (1055-56)

Conduits par 'l'intérêt, ce tyran indomptable' (1241), ils veulent le pouvoir pour contenter leurs passions:

> Le plus beau fruit du sceptre est de se satisfaire (1358)(18)

D'où un machiavélisme sans scrupules (voyez ci-dessus le résumé de l'acte I):

> Quiconque, voulant vaincre ou voulant se venger,
> N'est qu'à demi méchant, est toujours en danger (1075-76).

Bien que *Dynamis* soit une tragi-comédie, la réflexion politique, y reste importante. On y retrouve plusieurs thèmes chers à Du Ryer. J'en examinerai quatre, en recourant à l'ensemble des pièces pour mieux éclairer celle-ci: vertu et naissance, le roi, le peuple, la rébellion.

Depuis la fin du XVIe, dans une société où la hiérarchie féodale se heurtait à l'ascension des bourgeois et surtout des officiers du roi, détenteurs du pouvoir administratif, l'on se querellait sur le principe de supériorité: naissance ou vertu? Du Ryer a pris position dès *Cléomédon*: la valeur héroïque et morale l'emporte sur la naissance et le rang:

> Qui vante ses aïeux ne vante rien de soi (II, 2).

Au point que, pour certains, quiconque sait bien 'commander' peut 'mériter la couronne' (IV, 1). Selon d'autres toutefois, 'pour vivre sans révolte' , il faut 'des rois de naissance' (II, 5).

Du Ryer répète cette éventuelle prééminence de la valeur dans *Alcionée* (345-346, 595-596). Il l'affirmera encore plus à partir du moment où il ne dépendra plus de Vendôme:

---

(18) A la limite, pour un personnage de ce type,
   Le crime qui le venge est le souverain bien
   (*Esther*, 244).

de bons sujets me tiennent lieu de princes;
Je sais bien estimer la noblesse du sang,
Mais la fidélité me plaît plus que le rang,

déclare Assuérus(19) , pour qui même 'les trônes [...] sont dûs au
mérite autant qu'à la naissance' (765-766). Désormais, les rois, dont
l'ingratitude était le ressort tragique de *Cléomédon* et d'*Alcionée*,
récompensent le mérite. La nièce du roi de Perse aimerait Thémistocle
même s'il avait eu 'un berger pour son père' (1133):

Je ne regarde pas d'où sortit ce grand coeur,
Mais jusqu'où l'éleva son courage vainqueur.
Qu'il soit né dans l'opprobre ou bien dans la puissance,
Je regarde sa gloire et non pas sa naissance.
Il ne dépendait pas de lui ni de son choix
Ou de naître du peuple ou de naître des rois;
Mais, ce qui dépendait de son unique ouvrage,
Il est devenu grand par son propre courage(20) .

Malgré tout, dans *Alcionée*, la fille du roi refuse d'épouser 'un
sujet', bien qu'elle l'aime:

Etouffons un amour que l'honneur nous défend (I, 11).

Et Nitocris encore recule devant 'la honte de me voir sujette d'un
sujet': 'au rang où je suis',

Je ne dois rien aimer que des rois ou des dieux (II, 1)(21)

Malheureusement, dans *Dynamis*, le héros valeureux est également roi,
ce qui prive la pièce d'une intéressante dimension morale, politique et
dramatique.

Jusqu'à *Saül*, les rois présentés par Du Ryer étaient souvent
tyranniques et presque toujours faibles: Méléandre dans *Argénis*,
Policandre dans *Cléomédon*, le roi d'*Alcionée*. Cela les réduisait à des
fourberies et les empêchait de reconnaître et récompenser les héros -
qui leur faisaient ombrage. A partir d'*Esther*, le souverain est au
contraire ferme, juste et bon(22) - ce qui ne l'empêche pas d'être sévère
au besoin:

---

(19) *Esther* 1570-72; cf aussi *Scévole*, 812.
(20) *Thémistocle*, 1135-1142.Cf. encore la préface de la traduction des *Histoires* de Polybe.
(21) Il y a de plus, dans ce refus, une dimension féministe: 'penses-tu régner en te donnant un
    roi?' (II, 1). Cf. *Anaxandre*, IV, 2: 'l'on n'est plus maîtresse où l'on a mis un maître'.
(22) C'est à ce titre qu'il est soutenu par les dieux. 'Le ciel est toujours pour les rois' (*Dynamis*
    1800).
              un prompt châtiment montre à vos factieux
       Que le parti des rois est le parti des dieux
                           (*Dynamis*, 795-796)
                    des peuples mutins
       N'ont jamais pour longtemps la faveur des destins
                           (*Scévole*, 67-68).

Le sang d'un ennemi de l'Etat et des lois
Est le plus beau présent qu'on puisse faire aux rois
(*Dynamis*, 947-948).
Dynamis n'a pas un mot de compassion devant la juste mort de son frère.

A l'époque où se met en place l'absolutisme, Du Ryer prend position contre ses excès possibles(23) , en faveur d'un pouvoir conforme à la morale et aux besoins de la population. H. C.Lancaster et M. Gaines parlent de monarchie constitutionnelle; l'orientation est juste quoique la formule soit anachronique, car il n'y a pas de texte, mais une consultation, une écoute permanente, une possibilité constante d'intervention, comme le montre ici celle des 'députés' . Un roi doit être le père de ses sujets, d'autant plus que

l'intérêt des rois
Est l'intérêt de ceux qui vivent sous leurs lois
(*Saül*, 387-388).

Non seulement le peuple est 'un esclave qui fait la force de ses princes' (*Esther*, 610), mais un roi judicieux doit tenir compte de ses besoins(24) et de ses avis. Assuérus a chassé Vasthi parce qu'elle a refusé de se montrer au peuple comme il le lui demandait. C'est, dit-elle, pour 'conserver la majesté des rois' (*Esther*, 390-392). Mais, réplique Assuérus,

Son orgueil a touché le peuple qui murmure,
Et si je sais régner souffrirai-je un affront
Qui refroidit mon peuple et me rougit le front? (602-604)

Il la remplacera par Esther, une 'fille du peuple'. Certes,

Le peuple est inconstant, mais enfin son caprice
Ne doit pas m'empêcher de lui rendre justice (633-634)

Or, toute cette explication est de l'invention de Du Ryer. La satisfaction du peuple est le signe d'un bon gouvernement et sa voix peut être celle de la raison, sinon celle de Dieu. La 'sainte union' du roi et de son peuple

Est l'ouvrage d'un Dieu qui protège les princes
(*Saül* 101-102)

---

(23) Le comportement du Tarquin de *Scévole* et même de celui de *Lucrèce*, ne relève pas seulement d'une caractérologie: c'est un absolutisme excessif qui prétend 'tout avoir sous son autorité' (*Lucrèce*, III, 6). 'Je suis en un rang à ne rien respecter', déclare-t-il, et 'je puis impunément satisfaire tous mes désirs' (*Lucrèce*, II, 1).
 Je veux voir à mon gré ma volonté suivie
 Et qui me contredit estime peu sa vie (II, 3).
(24) Le plaisir des rois équitables
 Consiste à secourir les peuples misérables
 (*Esther* 1221-22)

Certes, Du Ryer, comme ses contemporains(25), souligne l'inconstance irrationnelle du peuple. Saül insistait là-dessus: 'O peuple lâche, variable, aveugle' (122-123).

> La raison de tout peuple est sa légèreté
> ....
> On lui parle en vain quand la fureur l'anime;
> Le peuple est incapable, en sortant du devoir,
> De donner des raisons comme d'en recevoir
> (133-6)
> peuple, engeance ingrate,
> O monstre redoutable à quiconque le flatte
> ....
> Si le peuple ne craint, lui-même il se fait craindre
> (181-2 et 186)

Mais Saül est un personnage négatif: dans sa révolte, le 'peuple inspiré' (1006) réclame David, conformément aux desseins de la Providence. Et puis il ne faut pas confondre une aveugle populace ni des rumeurs incontrôlables(26) avec une élite sociale responsable et soucieuse du bien public.

Les 'députés' des 'Grands de l'Etat' (1168) jouent un rôle capital dans *Dynamis*. C'est une sorte de délégation des Etats Généraux, ou tout au moins des Etats de la noblesse. Leur intégrité s'oppose à la corruption du Conseil, 'gagné' par le traître Trasile (127), que Dynamis a renvoyé avec indignation (170 et s) et dont son frère demande en vain la présence (1237) pour qu'il s'oppose aux demandes des députés. Ceux-ci affirment leur désintéressement (1241, 1255, 1263): nous n'avons souci que de 'votre grandeur' (1244). Mais leur exigence est très ferme. Si vous acceptiez l'amour d'Arcas,

> Si votre coeur surpris lui cédait la victoire,
> Nous saurions malgré vous conserver votre gloire;
> Nous vengerions le Roi contre tant d'attentats
> Et dessus son sépulcre immolerions Arcas
> ....
> Enfin nous demandons [...]
> Que votre autorité soit en vos seules mains,
> Que de votre Conseil vous éloigniez des traîtres

---

(25) Cf. par exemple *Cinna*, 509-510:
> Mais quand le peuple est maître on n'agit qu'en tumulte:
> La voix de la raison jamais ne se consulte.

(26) Dynamis ne connaît 'rien qui soit plus redoutable' que 'l'opinion publique [...], monstre indomptable' et que les
> monstres infâmes
> Que les bruits faux ou vrais font naître dans les âmes
> (549-550)

Qui se rendent déjà nos tyrans et vos maîtres.

....

Enfin voilà notre ordre. A ces conditions,
Espérez nos respects et nos soumissions.
(1265-68, 1275-78, 1283-84)

Trasile, qui répète deux fois cette dernière phrase, s'indigne contre
la 'témérité', la 'criminelle audace' d'une 'telle insolence' (1294-1301):
Il faut, il faut punir cette audace fatale
Qui blesse presque à mort l'autorité royale.

....

Quand même des sujets, dont l'audace est si grande,
Donneraient le conseil que la gloire demande,
Si c'est avec orgueil qu'ils viennent l'apporter,
Un roi pour son honneur ne doit pas l'écouter.
(1309-1316)(27)
Mais Dynamis est opposée à cet absolutisme sourcilleux:
J'aime la liberté d'un zèle généreux
Et les sages conseils rendent les rois heureux
(1287-88)(28)
Dynamis contient ainsi une confirmation sinon un renouvellement du
pacte gouvernemental entre la reine et son peuple.

L'évolution de l'image du roi dans l'oeuvre de Du Ryer commande
le jugement porté sur la rébellion. Sa première pièce, *Arétaphile*, à une
époque où la mise au pas, encore récente, suscite beaucoup de
réactions, est fondamentalement frondeuse. Puis il fait acte
d'allégeance à la politique de Richelieu, avec un long poème intitulé
Dialogue de la Digue et de La Rochelle. Dans *Cléomédon* et *Alcionée*,
sa position est encore ambiguë: ces pièces présentent des révoltes
personnelles, moralement fondées, mais politiquement contestables.
Lucrèce et *Saül* chantent la rébellion collective contre des tyrans, qu'on
retrouve dans *Scévole*. Mais à partir du moment où le roi est devenu
bon -Assuérus, Porsenne et leurs successeurs - la révolte ne peut être
que le fait d'ambitieux détestables.

---

(27) Lorsqu'il envisageait une 'révolte' du peuple qui lui serait favorable, il y voyait 'un devoir
légitime' (114).
(28)   Périssent ces esprits dont le soin mercenaire
         Tâche en nous conseillant seulement de nous plaire
(225-226)

Dynamis dans son contexte

Pour bien apprécier la dimension politique de cette pièce, et notamment l'intervention des députés, il faut la replacer dans son contexte, c'est à dire dans la Fronde. Elle a été représentée en 1649 ou 1650 c'est à dire au plus tôt après la paix de Rueil (11 mars 1649), qui permet la réouverture des théâtres parisiens, fermés depuis novembre 1648; et plus probablement pendant l'hiver 1649-1650 ou au printemps 1650. Le privilège - usuellement délivré environ deux mois après la première, mais il y a de notables exceptions - est du 26 août 1650. Le texte a pu être modifié postérieurement: l'achevé d'imprimer est du 28 décembre 1652. Or, pendant ces années là, le Parlement d'une part et les Grands d'autre part prétendent imposer à la Régente des réformes d'intérêt national, expurger son Conseil, chasser Mazarin, empêcher l'installation de l'absolutisme en renforçant les pouvoirs du Parlement et de l'Assemblée de la Noblesse. 'Vous êtes, Sire, notre souverain seigneur; la puissance de Votre Majesté vient d'en haut, mais il importe à sa gloire que nous soyons des hommes libres et non pas des esclaves' déclare le célèbre Omer Talon, avocat du roi au Parlement, lors du lit de justice du 15 janvier 1648. La Régente en fut outragée. 'Vous êtes de plaisantes gens, de vouloir borner l'autorité du roi', dira-t-elle. Dès le lendemain, le Parlement ose délibérer sur les édits que le lit de justice(29) l'avait contraint à enregistrer sans débat. En juillet 1648, le Parlement adopte une déclaration de vingt sept articles pour réformer l'Etat: suppression des intendants, des impôts non acceptés par le Parlement etc..; l'article 17 interdit la cassation des arrêts du Parlement par le Conseil du Roi. Le 8 janvier 1649, il déclare Mazarin 'ennemi du Roi et de son Etat' et 'enjoint à tous les sujets du Roi de lui courir sus'. En 1651, sa tête sera mise à prix. En 1649, la Régente convoque une Assemblée de la noblesse: elle ne dure que treize jours (30 septembre -12 octobre): les Frondeurs risquaient d'en prendre le contrôle. En 1651, Gaston d'Orléans en convoque une autre, qui dure du 7 février au 25 mars. Et l'une des principales exigences des Frondeurs c'est la réunion des Etats Généraux, afin de mettre en place une monarchie 'juste et tempérée'(30) . Ce contexte donne un relief particulier au discours des députés, à leur intention de faire au besoin justice eux-mêmes, à leur sortie contre le ministériat (1275-76) et à la divergence entre la réaction absolutiste de Trasile et la position modérée sinon constitutionnelle de Dynamis, opposée au 'pouvoir sans limites' (1325).

------

(29) Les édits n'étaient valables que s'ils étaient enregistrés par les Parlements. Ceux-ci pouvaient faire des remontrances, c'est à dire demander des modifications, sauf si le Roi venait lui-même imposer l'enregistrement lors d'un *lit de justice*.
(30) Discours du comte de Fiesque à l'Assemblée de 1651. Le 23 janvier 1649, la Régente convoque les Etats Généraux pour le 15 mars. La paix annule cette convocation, mais Anne d'Autriche l'acceptera de nouveau, provisoirement, en mars 1651.

Il me semble imprudent de chercher à préciser davantage. Certes, Dynamis est veuve, comme Anne d'Autriche et l'on accusait Mazarin d'être son amant. Le frère de Louis XIII, Gaston d'Orléans, avait été au centre de tous les complots contre le gouvernement de Richelieu, et dans une certaine mesure, de la Fronde. Vendôme, dont le fils Beaufort, est un des leaders de la révolte, est un bâtard de roi, comme Trasile. Condé a l'insolence d'Arcas. Les Frondeurs se ruineront par leurs divisions, comme Trasile, Arcas et Proxène. Mais ces rapprochements ne sont que partiels(31), aucun d'eux n'est sûr et une oeuvre de fiction n'est pas un marquetage d'éléments réels.

Le style

Le style de la tragi-comédie des années quarante, comme celui de la tragédie, est principalement rhétorique, surtout chez Du Ryer, intellectuel occupé de politique et de morale, au détriment de la poésie du monde sensible. Cela nous vaut beaucoup de raisonnements, parfois trop longs et sentencieux (I,2; III,2), émaillés de formules frappantes (cf. les vers 830, 947-948, 1047-48, 1055-56, 1075-76, 1358, entre autres). Notons toutefois un beau mouvement lyrique (439-444).

Un autre défaut vient de la galanterie, qui nous vaut des tournures fades et recherchées. C'est le cas de presque toute la première scène de l'acte II ou plus précisément des vers 406-418, 451-60, 487-92, 668-672, 679-680, 712, 837-840, 1529 ('mon coeur, de qui vous êtes l'âme'), 1549-1560, 1585-88, 1667-1670, 1886. A d'autres moments, cette fadeur est diffuse, sans recherche de formules stylistiques. Voici un exemple:

POLIANTE

Craignez-vous de punir par un bras irrité
Un prince parricide et déjà révolté?
....
Craignez-vous le moment heureux et fortuné
Qui fait voir l'ennemi défait et ruiné?

DYNAMIS

O prince! ô dieux témoins d'un acte si perfide,
Oui je crains de punir un prince parricide.

POLIANTE

Par quels charmes puissants un prince furieux
S'est-il rendu si tôt agréable à vos yeux?

---

(31) Par exemple, le problème du remariage d'Anne d'Autriche ne se pose pas.

DYNAMIS
Par les charmes puissants de cette vertu même,
Par qui vous me gagnez et par qui je vous aime
(1447-1458).
Mais après tout il y a un passage fort semblable dans *Mithridate* (615-673).

En bref, une langue claire, qui pose bien moins de problème au lecteur d'aujourd'hui que la plupart des textes contemporains. Des dialogues aisés et souvent assez vifs, avec une curiosité: le fréquent passage du *vous* au *tu* et inversement, selon les oscillations affectives et aussi plusieurs passages du *je* au *nous* de royale majesté. Dommage que les effets - dramatiques, sentencieux ou galants - soient un peu appuyés (cf.1453-1458).

NOTE SUR LE TEXTE

Dynamis a paru chez Antoine de Sommaville, comme toutes les pièces de Du Ryer, avec le millésime 1653 et un achevé d'imprimer du 28 décembre 1652. C'est un volume *in-quarto* de 116 pages, de 21 x 16cm, en beaux caractères italiques. On en trouve notamment un exemplaire à la Bibliothèque Nationale (Rés.Yf 401), à la Bibliothèque de l'Arsenal (RF6107) au British Museum, à la Bibliothèque de l'Université de New-York. Cette édition repose sur l'exemplaire de la B.N. Celui de New-York est d'un tirage antérieur: les pages 34 et 99 y sont respectivement numérotées 18 et 93, alors que la première erreur a été rectifiée dans les trois autres exemplaires.

Chaque scène est séparée par un motif ornemental d'une hauteur de 9 à 16mm, sur toute la largeur de la page. Il y en a de quatre sortes. C'est dire que l'édition est luxueuse. L'impression, soignée, comporte peu d'inadvertances: trois virgules malencontreuses, trois fois *à* pour *a*, *ses* pour *ces* (1972) ou l'inverse (712), une lettre omise (trois fois), deux lettres inversées (une fois). Une seule erreur gênante: *fui* pour *suis* (702). Enfin au vers 1562 j'attendais *capable* plutôt que *coupable*.

Conformément à un usage assez arbitraire, j'ai respecté la graphie originelle, sauf sur les points suivants:
- distinction entre *i* et *j* (écrit presque toujours *i*) et entre *u* et *v* (écrits *v* à l'initiale et *u* à l'intérieur d'un mot).
- remplacement de *ã, ẽ, õ* par *an, en, on* ou *am, em, om*; de *ſ* par *s*, de la finale abrégée *9* par *us*.

Je remercie M. Molinié, professeur à la Sorbonne, qui a bien voulu m'éclairer sur quelques problèmes de langue.

BIBLIOGRAPHIE

Editions modernes de Du Ryer, avec introductions

Alcionée, par H. C. Lancaster, PUF et Johns Hopkins University Press, 1930.
Arétaphile, tragi-comédie, par R. Grazia Zardini Lana, Slatkine, 1983.
Clitophon, tragi-comédie, par L. Zilli, Patron, Bologna, 1978.
Esther, tragédie, par P. Gethner et E. J. Campion, University of Exeter, 1982.
Saül, tragédie, par H. C. Lancaster, Baltimore 1931, et Johnson Reprint, New-York, 1973.
Scévole, tragédie, par G. Fasano, Patron, Bologna, 1966.
Thémistocle, tragédie, par P. E. Chaplin, University of Exeter, 1978.
Les Vendanges de Suresnes, comédie, par L. Zilli, Bulzoni, Roma, 1980.

Etudes

Philipp, K., *Pierre Du Ryers Leben und dramatische Werke*, Zwickau, 1904.
Lancaster, H. C., *Pierre Du Ryer, dramatist*, Washington, 1912.
Lancaster, H. C., *A History of French Dramatic Literature in the Seventeenth Century*, Baltimore, 1929-1940.
Guichemerre, R., *La Tragi-comédie*, P.U.F., 1981.
Méthivier, H., *La Fronde*, P.U.F., 1984.
Gaines, J. F., *Pierre Du Ryer and his tragedies: from envy to liberation*, Droz, 1987.
Hilgar, M. F., L'art de régner dans le théâtre tragique de Du Ryer, *L'image du souverain dans la littérature française de 1600 à 1650*, Actes de Wake Forest, éd. M. R. Margitic, Biblio 17, Tübingen, 1987, p.175 à 189.
Constant, J. M., L'assemblée de noblesse de 1651: une autre conception de la monarchie française, dans *La Fronde en questions*, Actes du 18e colloque du CMR 17, éd. R. Duchêne et P. Ronzeaud, Université de Provence, 1989, pp. 227-286.

DYNAMIS.

REYNE DE CARIE.

TRAGE-COMEDIE.

DE P. DV-RYER.

A PARIS,

Chez ANTOINE DE SOMMAVILLE, au Palais, dans la Salle aux
Merciers, à l'Escu de France.

M. DC. LIII.
AVEC PRIVILEGE DV ROY.

Extraict du Privilege du Roy.

PAR grace & privilege du Roy donné à Paris le 26. iour d'Aoust 1650. Signé, Par le Roy en son Conseil, Le Brun. Il est permis à Antoine de Sommaville Marchand Libraire à Paris, d'imprimer ou faire imprimer, vendre & distribuer une piece de Theatre, intitulée, *Dynamis, Tragecomedie de P. Du - Rier*, pendant le temps & espace de sept ans entiers & accomplis. Et defenses sont faites à tous Imprimeurs, Libraires & autres, de contrefaire ledit Livre, ny le vendre ou exposer en vente d'autre impression que de celle qu'il a fait faire, à peine de trois mil livres d'amende, & de tous despens, dommages & interests, ainsi qu'il est plus amplement porté par lesdites Lettres, qui sont en vertu du present extrait tenuës pour bien & deuement signifiees, à ce qu'aucun n'en pretende cause d'ignorance.

Achevé d'imprimer pour la premiere fois le 28. Decembre 1652.

Les Exemplaires ont esté fournis.

LES ACTEURS.

PROXENE,   Princesse amoureuse de Trasile.

TRASILE,   Frere naturel de la Reyne.

DYNAMIS,   Reyne de Carie.

POLIANTE,   Roy de Lycie, amoureux de la Reyne.

PROCLEE,   Confidente de la Reyne.

EURISTENE,   Vieux fermier du Roy de Carie.

Des Deputez,   Des Grands de l'Estat de Carie.

ARCAS,   Prince de Carie, amoureux de la Reyne.

La Scene est dans Halycarnasse capitale de la Carie.

DYNAMIS.

TRAGE-COMEDIE.[1]

ACTE I.

SCENE PREMIERE.

PROXENE, TRASILE.

PROXENE.

QUE te sert de monstrer par tant d'illustres marques
Que le Ciel t'a donné les vertus des Monarques?
Que te sert d'aspirer au pouvoir souverain
Si jamais ton grand cœur ne fait agir ta main?
5 Quitte, quitte bien-tost ces desirs pleins de gloire,
Ou te resous bien-tost d'obtenir la victoire.
A force de remettre on perd ces nobles feux,
Par qui les grands desseins ont des succés heureux.
Le Ciel en te donnant le cœur & la naissance,
10 Te disoit en secret aspire à la puissance :
Ouy, le Ciel qui t'anime & t'échauffe le sein,
Par ces deux qualitez confirme ton dessein;
Et comme les desirs sont les premieres aisles
Qui portent nos esprits aux choses les plus belles,
15 Il joint à ta naissance, il joint à ton grand cœur
La noble ambition qui te rendra vainqueur.
Ainsi, Trasile, ainsi les Dieux qui te formerent,
En ta personne Illustre un grand Roy commencerent,
Et veulent que ton bras par eux-mesmes poussé,
20 Acheve maintenant ce qu'ils ont commencé.
Je sçay, que pour regner comme un Dieu te l'ordonne,
Il faut mesme à ta Sœur arracher la Couronne,
Et que cette action qui te donne un Estat,
A la face & le front de crime & d'attentat :
25 Mais chasse de ton cœur les timides Maximes,
Un succez favorable efface mille crimes,
Et de quelques rigueurs qu'on se soit revestu,
Le crime qui triomphe est appellé vertu.
Quoy! je verrois toûjours comme un Esclave infame
30 Ta vertu qui peut tout, sujette d'une femme!

---

1 En français, comme en latin et en grec, la première partie du terme composé pour
désigner le genre mixte vient de l'adjectif. D'où *tragi-comédie*, attesté dès 1545 à
côté de *tragique comédie*. On ne trouve que rarement *tragé-comédie*, abréviation de
tragédie-comédie. Le *Französisches Etymologieswörterbuch* de Von Wartburg cite
un exemple de Racan (1654). M. Guichemerre et M. Morel me disent en avoir
rencontré d'autres, mais plutôt au début du siècle.

Non, non, passe plus loin, j'ayme un grand Prince en toy,
Mais ce n'est pas assez, j'y veux aymer un Roy.

TRASILE.

Que je prends de plaisir au vol[1] où je m'engage,
A te voir aujourd'huy douter de mon courage,
35   Puis que j'apprends au moins par ce doute amoureux
Qu'en suivant mes desirs j'obeis à tes vœux.
Pourrois-je meriter les fruits de la victoire,
S'il falloit m'exciter à courir à la gloire?
Non, non, j'ay pour aller où va ma passion
40   Les aisles de l'amour & de l'ambition.
Tu veux aymer un Roy, genereuse Proxene,
Et moy je veux perir si je n'ayme une Reyne.
La Fortune n'a point d'empeschemens si forts,
Qui ne soient au dessous de mes moindres efforts.
45   Ce sacré nom de Sœur, & de Sœur adorable,
N'a pour moy rien de sainct, ny rien de venerable.
Les Sceptres sont à ceux qui peuvent les ravir,
Et leur excuse en suite est de s'en bien servir.
Il faut que mon Amour enleve une Couronne,
50   Et pour me satisfaire il faut qu'il te la donne;
Et s'il ne te couronne, & s'il n'est couronné,
Il merite ta haine où[2] je l'ay condamné.

PROXENE.

Tu veux donc, me dis-tu, la Grandeur Souveraine,
Comme le plus grand bien où le destin nous mene?
55   Cependant jusqu'icy quels desseins as-tu fais,
Qui ne soient opposez à tes nobles souhaits?
Arcas ose esperer tout autant qu'il desire,
Arcas ayme la Reyne, ou plustost son Empire,
Et toy-mesme tu veux qu'un Hymen glorieux
60   La donne aux passions de cet ambitieux.
Penses-tu donc qu'Arcas te cede un Diademe,
Pour l'avoir mis au lict d'une Reine qu'il ayme?
Toy-méme, que l'Amour semble aujourd'huy toucher,
Achepterois-tu bien une femme si cher?
65   Non, non, bien qu'une Reyne ait en soy tous les charmes
Qui font naistre l'Amour & luy donnent des armes,
Quand on ayme une Reyne en sa prosperité,
On regarde son Throsne & non pas sa beauté.
Voir un ambitieux qui veut une Couronne,
70   Et luy faire espouser la Reyne qui la donne,
C'est sans doute un chemin mal propre à la gagner,
Et qu'on tient rarement lors que l'on veut regner.
Tu ne me responds rien.

---

[1] Dans l'essor, l'envol.
[2] A laquelle.

TRASILE.

Contente toy d'apprendre
Que c'est là le chemin que Trasile doit prendre.

PROXENE.

75 Croy-tu donc que mon cœur qui respond à tes vœux,
Estant plein d'un secret, n'en puisse tenir deux?
Si je n'ignore pas que tu tends à l'Empire,
Ne puis-je pas sçavoir ce qui doit t'y conduire?
Crains-tu que mon Amour ou timide ou leger,
80 T'oste de ce chemin s'il y void du danger?
Non, non, fut-il sanglant, affreux & sans lumiere,
Tu m'y verras marcher & courir la premiere.
Je te diray sans crainte en devançant tes pas,
Regarde où nous allons, & non par où tu vas.
85 Montre donc que Trasile estime mon courage,
En monstrant à mes yeux & le trouble & l'orage;
Fay moy voir des cercueils & des gouffres partout,
Tous ces chemins sont beaux quand le Throsne est au bout.

TRASILE.

Conserve donc tousjours ce courage indomptable,
90 Si j'expose à tes yeux un chemin effroyable.
Tu sçais bien que le Roy mourut dans le combat
Où l'avoit engagé le besoin de l'Estat;
Et que c'est aujourd'huy l'opinion publique,
Que durant un combat si grand & si tragique,
95 Arcas donna le coup qui prive avec effroy
La Reyne d'un espoux & l'Empire d'un Roy.
Que cette opinion soit fausse ou veritable,
Au moins elle a rendu ce Prince detestable;
Et depuis ce temps-là, quoy que son bras fameux
100 Ait fait pour cet Estat & de grands[1] & d'heureux,
Tout s'estouffe & se perd dans la haine secrette
Qui nasquit de la mort du Roy que l'on regrette.

PROXENE.

Je ne voids pas encor où tendent tes desseins,
Ny comment le pouvoir tombera dans tes mains.

TRASILE.

105 Comme Arcas est par tout un grand objet de haine,
L'aversion publique ira jusqu'à la Reyne,
Si la Reyne, oubliant & sa gloire & sa foy,
Peut donner son amour au meurtrier du Roy.
Alors on la croyra mesme avecque justice,

---

[1] Lire : *grand*

110   D'un meurtre si cruel & coupable & complice.
              Alors pour mieux venger le premier attentat,
              Nous verrons esclater la haine de l'Estat,
              Le Peuple s'animant par l'un & l'autre crime,
              Fera de sa revolte un devoir legitime;
115   Et moy-mesme appuïant sa haine & sa fureur,
              Je prendrai son parti contre une lasche Sœur.
              Si la Couronne enfin tombe en cette tempeste,
              Où peut-elle tomber si ce n'est sur ma teste?
              Je sçay bien que l'hymen m'a refusé le jour;
120   Et que je suis au monde un fruit du seul Amour,
              Mais au moins mes exploicts ont bien eu la puissance
              D'effacer le deffaut qu'on vit à ma naissance.

PROXENE.

              Mais si la Reyne juste en cette occasion,
              Ne monstre pour Arcas que de l'aversion,
125   Que ferez-vous alors?

TRASILE.

                      J'ay desja fait en sorte
              Qu'à ce honteux hymen sa volonté se porte.
              J'ay gagné son Conseil, qui travaille pour moy,
              J'ay gaigné ses amis, qui me veulent pour Roy.
              Bref, personne aujourd'huy n'approche de la Reyne,
130   Qui ne m'ait consacré sa fortune & sa peine;
              Et sans que je luy parle, on inspire en son cœur
              Tout ce qui peut la perdre & me rendre vainqueur.

PROXENE.

              Gardez de vous tromper par une vaine attente[1],
              Je crains avec raison qu'elle ayme Poliante[2].
135   Il a tout le bonheur qui peut le faire aymer,
              Elle a tous les attraits qui peuvent le charmer,
              L'un est Roy, l'autre est Reyne, & tous deux en leurs charmes
              Pour se gaigner l'un l'autre ont de puissantes armes :
              Ce seroit ce me semble un prodige icy bas,
140   Qu'on ne vit point d'amour où l'on voit tant d'apas.
              Ils vous souvient enfin des sanglantes tempestes
              Que des Roys estrangers pousserent sur nos testes,
              Il vous souvient enfin qu'en ce commun effroy
              Poliante accourut au secours du feu Roy,
145   Et que depuis ce temps tousjours prez de la Reyne
              Il travaille à la rendre & forte & Souveraine,
              Comme pour la payer que son Pere autrefois
              Ait restably le sien dans le Throsne des Roys.
              Lors que de part & d'autre on est si redevable,

---

[1] Espérance.
[2] Prononcer Po-li-ante.

150   Lors que de part & d'autre on se rencontre aimable,
Lors que de part & d'autre on se voit couronné,
L'amour naistra bien tost s'il n'est pas desja né.
Penses-y.

TRASILE.

          C'en est fait, & quoy qu'il en succede,
Tout le mal que tu crains a desja son remede.
155   Ainsi par des raisons d'interest & d'Estat,
Contre quoi Dynamis ne rend point de combat,
Elle juge à propos, elle est mesme contente
De renvoyer chez luy le Prince Poliante.
Cependant par des mains qu'on ne soupçonne pas,
160   J'ay semé le discord par tout dans ses Estats.
Mon pouvoir, mes amis, mes secrettes pratiques,
Y donnent la naissance à des desseins tragiques;
Et s'il ne part bien tost, & de sa volonté,
Il y sera contraint par la necessité.
165   Pourroit-on mieux conduire une grande entreprise?

PROXENE.

Si le sort est pour toy, l'esperance est permise.

TRASILE.

Le sort sera pour nous, mais cache ce dessein.

PROXENE.

Il est mieux dans mon cœur qu'il n'est pas[1] dans ton sein,
Tu me l'as découvert, & je sçauray le taire.

TRASILE.

170   Mais on ouvre.

PROXENE.

    Je sors.

---

[1] L'emploi de la négation complète est régulier au XVIIe dans ce type de proposition.

SCENE II.

DYNAMIS, TRASILE.

DYNAMIS *parlant à quelques-uns.*

OUy ma gloire m'est chere,
C'est trop vous escouter, Conseillers odieux,
Apprenez à donner des Conseils glorieux;
Et sçachez aujourd huy que les Rois veritables
N'aiment que les Conseils qui leur sont honorables.
175 Conseillez-moy la mort, pour punir mon orgueil,
Et travaillez vous-mesme[1] à mon propre cercueil,
Cruels, j'y descendray si j'y trouve ma gloire,
Comme je monterois au char de la victoire.
Ceux à qui elle parle se retirent.
Ha, Trasile, ha mon frere, en vous seul aujourd'huy
180 Ma gloire qu'on attaque espere de l'appuy.
Inspirez à mon ame un excez de vengeance,
Digne de ma douleur, digne de ma puissance;
Et si vous connoissez de nouvelles horreurs,
Adjoustez-les encor à mes justes fureurs.
185 Moy! j'executerois un conseil detestable,
Qu'on ne peut escouter sans se rendre coupable!
Moy, je pourrois donner & mon Sceptre & ma foy
Au sanglant assassin d'un Espoux & d'un Roy!
C'est ici qu'il sied bien aux Reines vertueuses
190 Et de verser du sang & d'estre furieuses;
C'est ici qu'il sied bien à leurs Royales mains
D'aller percer les cœurs d'où viennent ces desseins.

TRASILE.

Ce discours me surprend; ce conseil est estrange.

DYNAMIS.

Aussi sur ses autheurs il faut que je me vange.
195 Mais helas, par un sort horrible & sans pareil,
Il en faudroit punir tous ceux de mon Conseil.

TRASILE.

Jusqu'ici toutefois il fut tousjours fidelle.

DYNAMIS.

J'ay sujet aujourd'huy de douter de son zele.

---

[1] Il faudrait *mesmes*; mais il n'y aurait plus d'élision et le vers serait faux.

TRASILE.

200 Ceux qui vous deffendoient dans vostre adversité,
Voudroient-ils vous trahir dans la prosperité?

DYNAMIS.

Quand d'un nouvel espoir une ame s'est repuë.
Quelle fidelité n'a-t'on pas corrompuë?

TRASILE.

Mais quels biens, quels honneurs, & quels destins si doux,
Esperent ils d'Arcas qu'ils n'ayent receu de vous?
205 Ce n'est pas que je vueille embrasser leur deffence,
Si quelque lascheté noircit leur innocence.
Mais si malgré le temps leurs services passez
De vostre souvenir ne sont pas effacez,
Au moins ce qu'ils ont fait merite ce salaire,
210 Que l'on juge un peu mieux de ce qu'ils veulent faire.
En effet, supposez qu'Arcas soit innocent,
L'Estat peut-il choisir un appui plus puissant?
Et qui recevroit-on des mains de la victoire,
Qui puisse dans le Throsne apporter plus de gloire?
215 Dailleurs, jusques ici vostre bouche & vos yeux
Ne l'avoient pas traitté comme un Prince odieux,
Et suivant quelque feu, dont vous donniés des marques,
Chacun le croyoit voir au nombre des Monarques.
Pardonnez à l'ardeur d'un zele sans pareil,
220 Qui donc a plus failli vous ou vostre Conseil?
Lui de vous conseiller ce honteux hymenée,
Vous d'en avoir long temps l'esperance donnée.

DYNAMIS.

Si j'ay failli, mon Frere, il devoit resister,
Me remonstrer ma faute, & non pas la flatter.
225 Perissent ces esprits, dont le soin mercenaire
Tasche en nous conseillant seulement de nous plaire.
Mais enfin il est temps de vous monstrer mon cœur:
Jusqu'ici pour Arcas j'ay feint peu de rigueur,
J'ay sceu, j'ay sceu tenir mes passions contraintes,
230 Tandis que le besoin me demandoit des feintes;
Mais si cet assassin amoureux du pouvoir
Ose encore nourrir ce criminel espoir,
Que le premier bourreau de son cœur sanguinaire,
Soit de desesperer du Throsne qu'il espere.

TRASILE.

235 Mais enfin quels tesmoins avez-vous aujourd'hui
Qui vous monstrent son crime & parlent contre lui?

DYNAMIS.

L'ambitieux desir qu'il a pour la Couronne,
L'horreur que j'ay pour lui, la haine qu'il me donne,
Et pour dire en un mot tout ce que je conçoy,
240   L'opinion publique, & c'est assez pour moy.
Si l'Estat est sans lui proche du precipice,
Que ma gloire se sauve & que l'Estat perisse.
J'aime mieux voir tomber un Throsne malheureux,
Que de le soustenir par des appuis honteux.
245   Moy, je ferois juger[1] que j'aime un parricide,
Que de son attentat mon Amour fut le guide;
Et que pour lui donner le pouvoir Souverain
Dans le cœur de mon Roi je conduisis sa main!
Non, non, j'ay plus de soin de cette renommee,
250   Qui nous fait mieux regner que la puissance armee.
Plutost pour conserver cet honneur precieux,
Ce thresor le plus grand que nous donnent les Cieux,
Cette main insensible à toute autre victoire,
Fera de mon sepulchre un rempart à ma gloire[2].

TRASILE.

255   Quoy donc, si cet himen qui vous fait tant de peur,
Estoit de cet Estat la force & le bonheur,
Un bruit trompeur & faux, un bruit que rien ne fonde
Pourroit-il empescher le bien de tout le monde?
Non, non, vostre vertu peut en le choisissant
260   Faire juger Arcas de tout crime innocent.
Comme vostre Justice a merité des Temples,
Et que tout l'Univers s'en forme des exemples,
La Reine, dira-t'on, dont l'esprit fut surpris,
A veu son innocence, & lui donne son prix.

DYNAMIS.

265   Ou plutost, dira-t'on pour mon propre suplice,
L'Amour peut tout corrompre & mesme la Justice.
Enfin quand la vertu me viendroit asseurer
De produire l'effet qu'on me fait esperer,
Je la méconnoistrois avecque ce langage,
270   Je ne la croyrois pas, j'en craindrois un outrage:
Et croyrois que mon cœur par elle combatu
Auroit juste raison de hayr la vertu.

TRASILE.

Mais Arcas est puissant, & je crains son absence.

---

[1] Je donnerais à croire.
[2] Je me tuerai pour préserver mon honneur.

DYNAMIS.

275 Mais au moins il est homme avecque sa puissance,
Et quoy qu'il usurpast un Throsne & des Autels,
Au moins mes Ennemis ne sont pas immortels.

TRASILE.

Quoy voulez-vous sa mort?

DYNAMIS.

Quoy, voulez-vous sa vie?
Voulez-vous que mon cœur responde à son envie?
Voulez-vous me monstrer que mon frere s'est mis
280 Au rang de mes bourreaux & de mes ennemis?
Quoy me donneriez-vous un conseil si contraire?
Si vous me le donnez vous n'estes pas mon frere;
Et je puis dire enfin de la bouche & du cœur
Qu'un frere n'est plus frere en trahissant sa sœur.
285 Vous-mème pourriez-vous & sans honte & sans peine
Me connoistre pour sœur, m'obeyr comme Reyne,
Si la crainte ou l'amour des-honorait mon sang,
Si je flattois un traistre, & lui cedois mon rang?
Non, non, si jusques-là ma gloire m'abandonne,
290 Je vous permets icy de m'oster la Couronne,
Et vous meriteriez qu'un autre vous l'ostast
Si vous ne vangiez pas la honte de l'Estat.

TRASILE.

O nobles sentimens! ha pardonnez, Madame,
A l'injuste soupçon qui glissa dans mon ame.
295 Cette feinte douceur dont vous flattiez Arcas,
M'avoit fait soupçonner un Amour qui n'est pas;
Et pour mieux m'esclaircir d'un soupçon si funeste,
J'ay feint tout le discours que vostre ame deteste;
Et que pour vous mon cœur qui peut tout defier,
300 Mesme en le concevant detesta le premier.
Ouy, mon esprit confus vous a fait un outrage,
D'avoir osé douter de vostre grand courage:
Mais pour le reparer, me voila sans effroy
Tout prest à vous vanger sur Arcas & sur moy.

DYNAMIS.

305 C'est par ce sentiment que je connois mon frere.

TRASILE.

Cependant vous sçavez ce qu'on ne peut plus taire,
Que Poliante seul, l'appuy de vos Estats,

Est pourtant moins aymé[1] que le coupable Arcas.
On craint, vous le sçavez, qu'un Royal hymenée
310   Ne vous engage enfin sous mesme destinee.
Et qu'en un mesme temps & l'hymen & l'amour
Chez ce Prince estranger ne transporte la Cour.

DYNAMIS.

Nous y sçaurons donner les ordres necessaires.

TRASILE.

O cœurs interessez! ô sujets temeraires!
315   Qui vous permettez tout, qui n'avez point de loix.
Voulez-vous donc en faire aux desirs de vos Roys.
   Ha si vous n'aymiez pas le Prince Poliante,
Je croyrois....

DYNAMIS.

                    Ne croy rien, je l'ayme, & je m'en vante.
Apres son grand secours si je ne l'ayme pas,
320   Je fay voir une Reyne au nombre des ingrats.
Je fay voir sur le Throsne un monstre redoutable,
Puis qu'une Reyne ingratte est un monstre effroyable.
   Si pourtant je luy donne une si noble ardeur,
Je sçay ce que je dois à ma propre Grandeur,
325   Et qu'afin de regner puissante & satisfaite,
Je dois estre tousjours ma premiere sujette.
Je puis donc sans douleur l'esloigner de mes yeux,
Si son esloignement est pour moy glorieux.
C'est assez dans ce rang où je suis plus que femme,
330   De voir ce que l'on ayme avec les yeux de l'ame;
Et nous pouvons aimer un Roy si plain d'attraits
Comme on ayme les Dieux que l'on ne voit jamais.

TRASILE.

Ainsi vous contentez & l'Estat & vous-mesmes.[2]

DYNAMIS.

Ainsi tousjours constant monstre moy que tu m'aymes,
335   Et croy que je m'estime aussi forte par toy,
Que par ce grand pouvoir qui fait regner un Roy.

TRASILE.

Si le zele & la foy d'une ame obeyssante
Rendent les Rois puissans, que vous estes puissante!

---

[1] Moins aimé de la population (allégation calomnieuse: cf. 1271-1274).
[2] Lire : mesme.

SCENE III.

TRASILE *seul*

340
QUoy donc, n'ay-je formé qu'un phantosme trompeur,
Lors que ce grand dessein se formoit dans mon cœur?
N'ay-je, par des chemins mal asseurez & sombres,
Comme dans un sommeil poursuivi que des ombres?
Il n'importe, avançons; c'est mon but & mon sort
Ou d'emporter un Sceptre, ou d'embrasser la mort:

345
Aussi bien quand l'esprit pour la gloire s'enflame,
Qui vit sans la Grandeur est privé de son ame.
Suivons ce que la rage a de plus violent,
Le Thrône est toûjours beau, quand mémé il est sanglant.
Si ce n'est pas assez de faire agir un crime,

350
Pour monter aisement à ce degré sublime,
Nous en commettrons mille, & quand nous regnerons
Vainqueurs & Souverains, nous nous en absoudrons.

Fin du premier Acte.

Dynamis

ACTE II.

SCENE PREMIERE.

DYNAMIS, POLIANTE.

DYNAMIS.

J'AY veu d'un œil constant & d'un cœur invincible,
Tout ce que la fortune avoit de plus horrible.
355 J'ay veu sans me troubler tout mon Estat troublé,
J'ay veu trembler mon Throsne, & je n'ay pas tremblé.
Ny le Royaume en feu, ny le Royaume en cendre
D'un si noble degré ne m'a point fait descendre:
J'ay tousjours esté Reine, & l'on m'a veu par tout
360 Sur le debris d'un Throsne & constante & debout.
Enfin lors que le sort effroyable & funeste,
Faisoit voir en tous lieux ma perte manifeste,
Mes plus grands ennemis, qu'il sembloit contenter,
Voyoient tousjours en moy dequoy me redouter:
365 Ils craignoient mon courage, ils craignoient ma constance,
Quand ils ne craignoient plus ma force & ma puissance.
Cependant aujourd'huy qu'une profonde paix
Semble de tous ses biens assouvir mes souhaits,
Dans mon ame tremblante il se forme un orage,
370 Où se perd ma constance, où se perd mon courage;
Et parmy cet effroy mon esprit abbatu
Cherche & ne trouve pas sa premiere vertu.

POLIANTE.

Si mon bras combatant pour vostre seule gloire,
A pour vous remporté victoire sur victoire;
375 Si je vous ay fait voir par un cœur enflammé
Que le sang qui m'anime est par vous animé,
Pensez-vous que la paix qui regne en cette terre
Nous ait fait oublier le mestier de la Guerre?
Si d'autres ennemis vous viennent sur les bras,
380 Commandez-moy de vaincre, & ne vous plaignez pas.
Il m'est, il m'est honteux & de voir vos alarmes,
Et de vous ouïr plaindre où reluisent mes armes.
Que n'obtiendriés[1]-vous pas contre un plus grand tourment
Et du bras d'un Monarque, & du cœur d'un Amant?

DYNAMIS.

385 Tout; & ce que je crains, c'est que ton grand courage
Ne soit pas assez fort contre un dernier orage;

---

[1] Trois syllabes ob-tien-driés.

Et que ton cœur surpris par de nouveaux combats
Ne puisse suporter un coup qu'il n'attend pas.

POLIANTE.

390   Je mourrois mille fois avec un oeil tranquille,
Si mille fois ma mort pouvoit vous estre utile.
Me croiriez-vous, Madame, & fort & genereux,
Si je n'avois aimé que pour me rendre heureux?
Croiriez-vous mon amour & grande & veritable,
395   Si je ne puis aimer pour estre miserable?
Ouy, l'Amour qui me dompte & qu'on ne peut dompter,
Estime les malheurs qui le font esclatter;
Et comme la Vertu l'Amour est incertaine,
Sans l'espreuve qu'en fait le peril & la peine.
Donnez, donnez ce coup.

DYNAMIS.

C'est, c'est, sans te flater,
400   Le diray-je?

POLIANTE.

Achevez.

DYNAMIS.

C'est qu'il faut me quitter.

POLIANTE.

O Dieux!

DYNAMIS.

Ne te plains pas, & si je t'abandonne
Je ressens mieux que toy le coup que je te donne.

POLIANTE.

Vous quitter!

DYNAMIS.

Il le faut.

POLIANTE.

Et vous m'avez aimé!

DYNAMIS.

Il le faut, & je t'ayme.
POLIANTE.

O mot qui m'as charmé!
405   O mot que j'aurois seul achepté d'un Empire!
Mais il faut obeïr, ma Reyne le desire.
Ainsi sans murmurer contre vos volontez,
Je quitteray ma gloire & mes felicitez:
Je fuiray de vos yeux, si c'est là vostre envie,
410   Et si ce n'est assez je fuiray de la vie.
Heureux de faire voir qu'un Monarque amoureux
Sçait pour vous obeïr se rendre malheureux.
Madame, dés demain.

DYNAMIS.

C'est bien tost se resoudre.

POLIANTE.

Si je devois perir par les flammes du foudre[1],
415   J'irois d'un pas superbe au devant de ses feux,
Plustost que de languir & de faire des vœux;
Et si je ne pouvois éviter mon naufrage,
Mon naufrage du moins feroit voir mon courage.

DYNAMIS.

C'est bientost se resoudre à cette dure loy;
420   Un cœur n'est pas si fort, quand l'Amour est son Roy,
Et l'Amour n'est pas grand & n'est jamais extréme,
Quand on demeure encore absolu sur soy mesme.
J'ay consulté[2] long temps pour vous dire, partez,
Et sans mesme hesiter vos vœux y sont portez.
425   Si cette Amour est grande, ô qu'en cette avanture,
O qu'aujourd'huy l'Amour a changé de nature!
Mais pour tant de perils de soins & de travaux,
Par qui[3] vôtre courage a surmonté nos maux,
Pourquoy, Prince, pourquoy voudrois-je que vôtre ame
430   Ne remportast chez vous que douleur & que flame?
Quoy, pour l'illustre prix de cette liberté
Que vostre bras rendit à mon authorité,
Voudrois-je qu'un Monarque & si grand & si brave,
S'en retournast lié, s'en retournast esclave?
435   C'est comme trop vouloir, avoir trop poursuivi,
De demander le cœur quand le bras a servy.

---

[1] Au XVIIe, *foudre* est tantôt masculin, tantôt féminin.
[2] Réfléchi, hésité. '*Consulter* signifie aussi être irrésolu, incertain quel parti on doit
   choisir' (Furetière).
[3] Par lesquels.

Remportez de ces lieux un cœur remply de gloire,
Et capable à jamais de la seule victoire.
Si pour me consoler de vostre esloignement,
440   Si pour me soulager d'un si fascheux tourment,
Il ne m'est pas permis de me dire en moy-mesme,
Au moins si nous aimons, on nous aime, on nous aime;
Enfin j'adouciray des maux si rigoureux,
En me disant au moins ce que j'ayme est heureux.

POLIANTE.

445   Ha ne me faites point par cet œil en colere
Le reproche cruel que je pourrois vous faire.
Lequel brusle aujourd'huy d'un feu plus vehement
Ou celle dont la voix a banny son Amant?
Ou l'Amant qui fait voir par son obeïssance,
450   Qu'il veut vivre & mourir sous la méme puissance?
Ouy, je vous ay fait voir un rayon apparent
D'un esprit peu sensible & presque indiferent;
Mais j'ay cru vous laisser par cette indifference
D'un amour veritable une ferme asseurance.
455   Ainsi par vostre amour ayant bien pû juger
Que mon esloignement vous devoit affliger,
J'ay feint d'étre insensible aux douleurs de ma Reine,
Pour vous donner sujet de me quitter sans peine,
Et pour emporter seul parmi tant de rigueurs
460   Et l'ardeur de deux feux, & le mal de deux cœurs.
Mais devant tant d'attraits cette feinte s'efface,
Et n'est contre un grand feu qu'un obstacle de glace.
Je le voy, je le sens, je l'esprouve à mon tour,
Qu'on ne peut long temps feindre avec beaucoup d'amour,
465   Et que si cette feinte offence ce qu'on aime,
Celuy qui la produit, en est blessé luy-mesme.
Mais pardonnez, Madame, à mon ressentiment,
Mon Amour est trop fort pour marcher reglement[1],
Il quitte la raison qui luy servoit de phare,
470   Il se conduit luy-mesme, & sans doute il s'égare,
Il s'emporte, il m'emporte, & demande pourquoy
Une Reine refuse & veut bannir un Roy?
Est-ce que vous craignez, ô chere, ô grande Reine,
De perdre avecque moy le nom de Souveraine?
475   Mais ne serez vous pas plus Reine que jamais
Si l'on voit un Monarque au rang de vos sujets?
Est-ce, vous le diray-je, & puis-je vous le dire
Sans monstrer les transports que la fureur inspire?
Est-ce que vous croyez contenter vos Estats,
480   En nous[2] abandonnant aux passions d'Arcas?

---

1 Régulièrement, de façon ordonnée. Cet adverbe était usuel au XVIIe 'Cet homme vit
fort reglément.' 'Le Messager part reglément tous les vendredis à telle heure.' 'Cette
horloge va fort reglément' (Furetière).
2 Faut-il lire *vous*, ou Poliante reprend-il avec ses distances d'amant offensé, le pluriel
de majesté?

DYNAMIS.

Est-ce que vous voulez vous acquerir ma haine
Par une opinion[1] si honteuse & si vaine?
Est-ce pour obliger mon esprit furieux
A vous voir sans douleur esloigner de mes yeux?
485   C'est le plus grand effort du feu qui me devore,
D'entendre ce reproche & de brusler encore.

POLIANTE.

Helas dans ce transport trop indigne du jour,
La fureur a parlé, mais non pas mon Amour;
Et quand mesme[2] l'Amour auroit commis ce crime,
490   Ne merite-t'il pas un pardon legitime;
Puisque malgré le Ciel qui me gesne à mon tour,
Les crimes de l'Amour sont des marques d'Amour?
Faites, faites moy voir la raison veritable
Qui bannit de vos yeux un Prince miserable:
495   Si vostre gloire veut que je quitte les Cieux;
C'est à dire l'Empire où reluisent vos yeux,
J'ay le cœur assez fort pour me bannir moi-mesme,
Pour aimer sans espoir, pour quitter ce que j'aime;
Et quand par cet exil on voudroit m'outrager,
500   J'ay mesme assez d'amour pour ne me pas vanger.

DYNAMIS.

Sçache que tes vertus à mon ame si cheres,
T'ont fait dans cet Estat de secrets adversaires,
Et que leur cruauté dont je crains les effets,
Prepare contre toy son poison & ses traits.
505   Ainsi pour éviter une autre violence,
Resous toy maintenant aux douleurs d'une absence,
Tant que[3] pour te vanger le destin m'ait permis
De voir & de punir nos secrets ennemis:
Je les veux découvrir ces pestes de l'Empire.
510   Mais que voudroit Proclée, & que veut elle dire?

SCENE II.

PROCLEE, DYNAMIS, POLIANTE.

PROCLEE.

HA, Madame, il est temps de redouter Arcas;
Pour venir jusqu'à vous il n'a qu'à faire un pas.

---

[1] Prononcer o-pi-ni-on.
[2] Même si l'Amour avait ...
[3] Jusqu'à ce que.

DYNAMIS.

Comment! que dites-vous?

PROCLEE.

Tout est remply d'alarmes,
Il approche d'icy; mais il approche en armes.

DYNAMIS.

515 Un bruit faux & trompeur fait ton estonnement,
Il est sans apparence, il est sans fondement.
Verroit-on approcher des trouppes de rebelles,
Sans que la renommée en eust dit des nouvelles?

POLIANTE.

On peut secrettement par quelques conjurez
520 A quelque rendez-vous les avoir attirez.

PROCLEE.

C'est ce qu'on dit, Madame, & l'on dit davantage,
Mais le dirai-je ici sans vous faire un outrage;
La crainte & le respect semblent m'en empescher,
Mais où le mal est grand il ne faut rien cacher.
525 On dit qu'Arcas approche, & que l'Amour l'amene
Les armes à la main par l'adveu[1] de la Reine,
Afin que les efforts de ce Prince insencé
Excusent vostre hymen qui paroistra forcé.

DYNAMIS.

O de tous mes malheurs le plus espouventable!
530 Que peut-on adjouster à ce coup effroyable?

PROCLEE.

On dit...

DYNAMIS.

Que diroit-on de plus grand ou d'égal?

PROCLEE.

On acheve l'injure, on confirme le mal.
On dit que sous couleur que la paix renaissante

---

[1] Avec l'accord, le consentement de; ou même: sur les instructions de. Furetière donne
comme équivalents 'ordre ou consentement donné. Il n'a rien fait que par l'aveu du
roi et par son ordre'.

Rendoit de vostre Estat la face plus riante,
535　Vous avez renvoyé le glorieux secours
Par qui ce Roy puissant rend le calme à nos jours;
Mais que c'est en effet[1] par un dessein contraire,
Pour oster à l'Estat un appui necessaire,
Pour rendre Arcas plus fort & plus authorisé[2],
540　Et luy tracer au Throsne un chemin plus aisé.

DYNAMIS.

Qu'ay-je fait, justes Dieux, & par quelle apparence
Ay-je mis dans les cœurs cette indigne croyance?

POLIANTE.

Ne vous affligez point de ces bruits differens[3],
Vous avez surmonté des ennemis plus grands.

DYNAMIS.

545　Non, non, je ne vois rien qui soit plus redoutable,
L'opinion publique est un monstre indomptable;
Les Rois peuvent beaucoup avec leurs legions,
Mais ils ne peuvent rien sur les opinions,
Et ne triomphent point de ces monstres infames
550　Que les bruits faux ou vrais font naistre dans les ames.

POLIANTE.

Vos vertus les vaincront ces bruits injurieux,
Et j'ay pour vous encor un bras victorieux.

DYNAMIS.

Seigneur, reposez-vous, & laissez moy la gloire
De remporter au moins cette seule victoire.
555　Icy pour estoufer des bruits trop inhumains,
Il faut, il faut agir avec mes seules mains;
Il faut avec ce bras ou juste ou tyrannique,
Dementir hautement l'opinion publique.

---

[1] En réalité.
[2] Mieux soutenu.
[3] De ces différents bruits.

SCENE III.

PROXENE, DYNAMIS.

PROXENE.

QU'a la Reine, Proclée, elle est triste à la voir.

DYNAMIS.

560 Ouy, le traistre apprendra ce que peut mon pouvoir;
Et qu'une femme seule est tousjours assez forte,
Quand l'amour de l'honneur l'anime & la transporte.

SCENE IV.

DYNAMIS, TRASILE, POLIANTE,
PROXENE.

DYNAMIS.

MOn Frere.

TRASILE.

Quoy? Madame.

DYNAMIS.

Avance-t'il Arcas?
Et pour nous enlever marche-t'il sur vos pas?

TRASILE.

565 Il faut auparavant que ses mains inhumaines
Ayent versé tout le sang que vous gardent mes veines.
Non, non, la passion qui vous le rend suspect,
N'a pas entierement estouffe son respect.
Il paroist seulement pour vous mettre en memoire,
570 Combien à son Amour vous promistes de gloire;
Et qu'il n'espere rien qu'un peu d'affection[1]
N'ait permis d'esperer à son ambition[1].

DYNAMIS.

Qu'un peu d'affection[1]....

---

[1] Chacun de ces mots comporte ici quatre syllabes.

TRASILE.

C'est ce qu'il fait entendre.

DYNAMIS.

Qu'un peu d'affection[1] ne luy fasse pretendre.
575 Le traistre esprouvera par sa punition[1]
Ce qu'il peut esperer de cette affection[1].
Le traistre esprouvera que l'Amour ne l'amene
Que pour le voir bien tost immoler à ma haine.

TRASILE.

Arcas n'est pas si fort qu'il puisse faire peur,
580 Mais il faut s'opposer contre un autre malheur.
Seigneur, il vous regarde. Il est venu nouvelle
Que vostre Estat en feu se trouble & se rebelle.

DYNAMIS.

O Dieux! que dites-vous?

TRASILE.

J'annonce malgré moy
Le plus grand des malheurs que doive craindre un Roy.

POLIANTE.

585 Ce mal n'est pas si grand qu'un faux bruit le veut rendre,
J'en sçay desja la source & le cours qu'il doit prendre.

DYNAMIS.

Quoy, Seigneur?

POLIANTE.

Ouy, je sçay par des avis certains
Qu'un tas de mécontans ont fait quelques desseins.

DYNAMIS.

Allez sans differer avec vostre presence
590 A la rebellion[1] imposer le silence.
Hastez-vous, armez-vous de foudres esclattans,
La revolte est un feu qui croist en peu de temps,
Mais quelques grands malheurs que l'on en puisse craindre,
La presence des Rois sçait aisement l'esteindre.

---

[1] Quatre syllabes.

595 Vous sçavez ce que peut vostre bras glorieux[1],
Allez donc esprouver ce que peuvent vos yeux.

POLIANTE.

J'ay preveu dés[2] long-temps ce desordre funeste,
Et le remede est prest qui vaincra cette peste.

TRASILE.

Seigneur, vostre presence est le meilleur secours
600 Qui d'un mal si soudain puisse arrester le cours.
Ceux en qui vous avez le plus de confiance,
Peut-estre à ce tumulte[3] ont donné la naissance.
Que ne peut-on pas craindre en une occasion[4],
Où la facilité tente l'ambition[4].
605 Un Estat sans Monarque est un vaisseau qui flote
A la mercy des vents sans guide & sans Pilote,
Tout le monde y commande, & l'absence d'un Roy
Y fait tousjours regner le desordre & l'effroy.
Comment aux bons subjets vous rendrez-vous aimable,
610 Comment aux revoltez serez-vous redoutable,
Si vous laissez trembler un throsne juste & sainct?
Et par qui l'on vous aime, & par qui l'on vous craint?
Mais enfin croiriez-vous qu'une Reyne si grande
N'eust pas les sentimens que l'honneur luy demande?
615 Qu'elle voulust pour soy retenir vostre bras
Lors que vous le devez au bien de vos Estats?

DYNAMIS.

Non, non, à vostre bien ma fortune sensible
Ne veut point d'un secours qui vous seroit nuisible,
Je fuirois de la gloire où je pretends monter,
620 Si par vostre infortune il falloit l'achepter.
Allez, allez pour vous obtenir la victoire,
Vostre gloire consiste à sauver vostre gloire,
Et le plus beau travail des Monarques parfaits
C'est d'establir chez eux le repos & la paix.

POLIANTE.

625 Quand j'auray fait pour vous, ô Princesse adorable,
Tout ce que je dois faire en amant veritable,
Alors desja vainqueur j'entreprendray pour moy
Tout ce que je doy faire en veritable Roy.
On sçaura que pour vaincre, & calmer cet orage
630 Je suis Roy par la force, amant par le courage,

---

[1] Trois syllabes: glo-ri-eux.
[2] Depuis.
[3] 'Trouble, désordre, émotion [c.à.d. émeute]' (Richelet).
[4] Quatre syllabes: o-cca-si-on, am-bi-ti-on.

Et qu'on porte bien loing la victoire & l'effroy
Quand le cœur d'un amant pousse le bras d'un Roy.
Je n'ay rien fait pour vous qui m'ait peu satisfaire
Puis qu'à vostre grandeur je laisse un aversaire,
635   Et la gloire où j'aspire, & que je veux gaigner
Ce n'est pas de regner, c'est de vous voir regner.
Si je vous laisse en paix, à la main le tonnerre[1],
Je trouveray la paix au milieu de la guerre.
Enfin en estouffant vos rebelles domptez,
640   Je commence à dompter mes peuples revoltez.
Enfin en vous aidant à vaincre vos rebelles,
Je gaigne & du pouvoir, & des forces nouvelles,
Car le plus grand secours d'un Prince glorieux
Est d'avoir bien souvent esté victorieux.
645   Ainsi lors que vos jours seront devenus calmes,
Et que je prendray part à l'honneur de vos palmes,
Alors mes revoltez sans cœur & sans espoir
Craindront vostre secours autant que mon pouvoir,
Et cette juste crainte & leur propre impuissance
650   Remettront le devoir où regnoit l'insolence.

DYNAMIS.

Ce remede est douteux, suivez le plus certain,
Allez, & paraissez les armes à la main.
De quelque grand remords qu'une ame soit atteinte
L'aspect[2] du chastiment est plus fort que la crainte,
655   Et jamais criminel ne se repentit mieux,
Que quand il voit le fer esclatter à ses yeux.
Enfin à quelque but que vous puissiez pretendre,
Ne me disputez plus l'honneur de me deffendre.
Si l'Amour vous abbaisse au rang de mes sujets,
660   Rendez obeissance aux ordres que je fais.

POLIANTE.

Ouy, j'ay toûjours fait gloire, ô Reine incomparable,
D'estre de vos sujets le plus inesbranlable;
Mais je fay gloire aussi dans un mal si pressant
D'estre pour vous servir le moins obeyssant.

DYNAMIS.

665   Estce paroistre Roy, qui veut se faire craindre,
De voir son Thrône en flame & de ne pas l'étaindre!
Est-ce paroistre Roy digne de son bonheur[3],
Que d'escouter l'Amour plutost que son honneur.
Ainsi puisque l'Amour nous met tous deux en peine
670   Je le chasse avec vous, & je veux vostre haine.

---

[1] Apposition adversative au *je* qui suit: *alors que j'aurai le tonnerre à la main.*
[2] La vue.
[3] Sa chance.

POLIANTE.

Ainsi je feray voir un Amour plus parfait,
Lors que je combattray pour un cœur qui me hait.

DYNAMIS.

Songez, songez au moins qu'il n'est rien sur la terre
Qui soit plus incertain que le sort de la guerre.
675   Si le traistre triomphe & de vous & de moy,
S'il est vostre vainqueur, sera t'il pas mon Roy?
Et si pour me sauver de sa fureur extresme,
Il faut qu'en un cercueil je me jette moy-mesme,
Voulés-vous que mon sang que mes mains verseront,
680   Vous accuse du coup que vos yeux pleureront.

POLIANTE.

C'est faire au bon party de trop grandes injures,
Que de vous figurer ces tristes avantures.
On ne perd point sa cause & ses noms glorieux,
Quand on a le bon droit, & pour Juges les Dieux.

DYNAMIS.

685   Enfin vous me forcez d'achever un ouvrage
Qu'un glorieux mespris inspire à mon courage,
Qui me met à couvert des poursuites d'Arcas,
Qui vous ouvre un chemin pour revoir vos Estats,
Qui tarit des faux bruits la source envenimée,
690   Et du mal que je crains sauve ma renommée.
J'ay long temps esprouvé que le Throsne a des maux
A qui ses plus grands biens ne sont jamais égaux,
Et que c'est se tromper de chercher des delices
Dans un vaisseau flottant parmi des precipices.
695   Ainsi j'ay resolu de me donner la paix
Que les plus puissans Rois ne possedent jamais,
Et pour me la donner telle qu'elle doit estre,
Je sortiray d'un Throsne où le sort est mon Maistre.
Ainsi quand j'auray mis en de plus fortes mains
700   Et la Grandeur Royale & les droits Souverains,
Arcas qui veut mon Sceptre & non pas ma personne,
Ne me poursuivra plus si je fuy[1] sans Couronne;
Et par cette retraitte où je voy mon bonheur,
J'estoufferai les bruits qui blessent mon honneur.
705   Ce n'est point trop donner en pareille victoire,
De donner sa Grandeur pour conserver sa gloire.
Au moins quand le pouvoir ne sera plus à moy,
Je n'occuperay[2] plus les forces d'un grand Roy.

---

[1] Inadvertance typographique pour *suy*.
[2] Le sens est ici un peu plus fort que le sens usuel aujourd'hui et tend vers celui de *monopoliser*.

710 Alors vous employrez vostre illustre courage
A dissiper chez vous & le trouble & l'orage;
Alors à mon repos j'adjousterai ce bien,
De sauver vostre Sceptre en mesprisant le mien.

POLIANTE.

C'est donc pour me chasser que vous...

DYNAMIS.

C'est pour contraindre
La fortune à gemir, elle qui me fit plaindre.
715 Héquoy! si vous m'aymes trouverez-vous mauvais
Qu'apres tant de travaux je me donne la paix?
Enfin de la Grandeur je veux quitter les marques,
Et vous mettre, mon frere, au nombre des Monarques.

TRASILE.

Moy! Madame, non, non, je suis trop satisfait
720 Du titre glorieux de fidele sujet.

DYNAMIS.

Un Prince bon sujet donne une belle marque
Que s'il avoit un Throsne il seroit bon Monarque.

TRASILE.

Ha! Madame, le Sceptre est bien entre vos mains.

DYNAMIS.

Craignez-vous de paroistre au rang des Souverains?
725 Craignez-vous les soucis que la Couronne excite?
La craignez-vous enfin parce que je la quitte?
Non, non, en acceptant mon pouvoir & mes droits
Obeys aujourd'huy pour la derniere fois;
Que ce commandement que je te fais sans peine,
730 Soit enfin le dernier que nous ferons en Reine.

TRASILE.

Puis que vous le voulez je prendray ce fardeau,
Que je trouve desja plus pesant qu'il n'est beau.
Nous recevrons[1] un Throsne afin de le deffendre,
Et nous le deffendrons afin de vous le rendre.
735 Ouy, je vous le proteste en presence des Dieux,
Qu'aujourd'huy je n'accepte un Throsne glorieux

---

[1] Comme Dynamis au v. 730, Trasile emploie le pluriel de majesté quand il s'exprime en roi.

Qu'afin de vous le rendre en frere incomparable,
Par la perte d'Arcas plus puissant & plus stable.

POLIANTE.

O frere genereux & digne de sa sœur!
740 Lequel, ô justes Dieux, fait voir un plus grand cœur,
Lequel est plus Illustre, ou bien celle qui donne,
Ou bien celuy qui rend le Sceptre & la Couronne?
Ce sont là des vertus que n'inspirent les Cieux
Qu'à ceux qu'ils veulent mettre au nombre de leurs Dieux.
745 Mais que[1] sans y penser je tire d'avantage
Et de vostre action & de vostre courage.
Au moins je feray voir qu'un Sceptre fortuné
N'a point produit l'amour que vos yeux m'ont donné.
Vous quittez vos Grandeurs & vostre Diadéme,
750 Vous quittez un Empire, & pourtant je vous aime.
Au lieu que mon Amour, dont le vostre est le bien,
Souhaitte vostreThrosne, il vous donne le mien.
Et si quelque ennemi veut murmurer encore
Contre la pureté du feu qui me devore,
755 Le Throsne apres mes vœux fera voir à son tour
Que l'Amour qui le donne est le parfait amour.
Recevez donc icy le cœur & la Couronne.
Que d'une méme main l'Amour mesme vous donne.
Souffrez qu'un Roy qui suit la gloire & ses appas,
760 Imite vostre exemple, & marche sur vos pas;
Et pour une alliance & plus noble & plus chere
Que j'offre icy ma sœur à vostre illustre frere.

PROXENE.

Sa sœur! qu'ay-je entendu?

DYNAMIS.

J'accepte & je reçoy
Ce glorieux present que me fait un grand Roy.
765 Mais puisque par un don si grand & si sublime
Aujourd'huy vostre Sceptre est mon bien legitime,
Allez dun pas leger & d'un bras fortuné
Deffendre ce grand bien que vous m'avez donné.
Je n'ay plus rien ici qu'Arcas puisse pretendre,
770 Vostre Thrône est mon Thrône, allez donc le defendre.

POLIANTE.

Où me reduisez-vous?

---

[1] Combien. Cette abdication permet à Poliante de montrer que son amour était désintéressé.

PROXENE.

Elle sort, il la suit.

TRASILE.

Puis-je de mes desseins esperer plus de fruict?

PROXENE.

Il passe sans me voir, & son ame inconstante
Semble desja gouster l'offre de Poliante.
775   Prends garde, Ambitieux, qu'un Amour irrité
Ne fasse un precipice à ta prosperité.

Fin du Second Acte.

ACTE III.

SCENE PREMIERE.

PROXENE, POLIANTE.

PROXENE.

TRASILE me fuyroit! moy qui connois son crime,
Et qui puis aysément en faire ma victime?
Mais que ne ferois pas un cœur ambitieux,
780   Lors que l'occasion se presente à ses yeux?
Il voit un Sceptre acquis, il croit qu'une alliance
Confirmera plutost sa nouvelle puissance,
Et que je l'ayme assez pour voir d'un œil constant
Une infidelité qui le rendra contant.
785   Non, non, si la Couronne à ses yeux adorable
Est la seule beauté qui luy paroisse aymable,
Je n'ayme en cet ingrat, que je puis dedaigner,
Que l'illustre desir qui me feroit regner.
Mais ne nous perdons pas par une aveugle flame,
790   Il faut que Poliante éclaircisse mon ame:
Il est avec la Reyne, il faut l'attendre icy,
Suspendons nos fureurs; mais enfin le voicy.
Seigneur, il est donc vray que le Ciel plus facile,[1]
Redonne à vostre Estat une face tranquille,
795   Et qu'un prompt chastiment monstre à vos factieux
Que le party des Roys est le party des Dieux?

POLIANTE.

Ouy, le Ciel a pour moy combatu mes rebelles,
Je viens d'en recevoir les heureuses nouvelles:
Enfin en s'allumant cette flamme a cessé,
800   Et l'orage a finy quand il a commencé.
Quand Trasile estonné disoit que la Lycie
D'un nuage sanglant estoit toute obscurcie,
En ce mesme moment, qui nous a satisfaits,
On voyoit arriver le Courrier de la Paix.

PROXENE.

805   Que mon cœur, qui respecte & cherit vostre gloire![2]
Prend de part aux douceurs d'une telle victoire.
Que j'en prevoy de biens pour deux puissans Estats!
Que j'en prevoy de maux pour le cruel Arcas!
Et si Trasile entend l'offre que vous luy faites,

---

1 Accommodant, favorable.
2 La phrase continue malgré le point d'exclamation.

810   Que j'en prevoy par tout de voluptez parfaites!
      Mais s'il n'acceptoit pas ce thresor esclattant,
      Pourroit-il meriter le Throsne qui l'attend?
      Non, non, ce que l'on dit se dit sans apparence.

          POLIANTE.

      Que dit-on?

          PROXENE.

          Qu'il se paist[1] d'une vaine[2] constance[3],
815   Et qu'enfin ses esprits autre part arrestez,
      Refusent le grand bien que vous luy presentez.

          POLIANTE.

      Que Trasile à ma sœur refuse sa conqueste!
      Que dans d'autres liens une autre Amour l'arreste!
      Ce bruit est un trompeur, ce bruit est aussi faux
820   Que si je vous disois que les biens sont des maux.
      Ou si Trasile ailleurs a monstré quelque zele,
      Jamais plus librement on ne fut infidele;
      Et celle dont l'Amour le flatta vainement,
      Peut dire en verité qu'elle n'a plus d'Amant.
825   Si vous la connoissez, cachez luy ce mistere[4],
      De peur qu'en aymant trop elle n'en desespere[5].

          PROXENE.

      Je m'en consolerois, Seigneur, si c'estoit moy.
      C'est gloire de ceder à la sœur d'un grand Roy.
      Trasile se doit plus[6] qu'aux yeux de la plus belle;
830   Seroit-il Prince enfin s'il estoit si fidelle?
      La constance n'est pas en cette occasion[7]
      La Vertu des Amans de sa condition[7].

          POLIANTE.

      Quoy vous prenez party?

          PROXENE.

          Non, non, ou l'on doit croire
      Que je prends le party de vostre seule gloire.

---

[1] Se repaît, se nourrit. 'On dit aussi qu'un homme se paist de vent, de belles imaginations, de chimères' (Furetière).
[2] Orgueilleuse.
[3] Insensibilité, indifférence.
[4] Secret.
[5] N'en tombe dans le désespoir.
[6] Doit plus à lui-même.
[7] Quatre syllabes, par diérèse de la finale *i-on.*

POLIANTE.

835   Ainsi vous adjoustez d'autres biens à mes biens.
Vous allez chez la Reyne?

PROXENE.

Ouy, Seigneur.

POLIANTE.

J'en reviens.

PROXENE *seule*

Cederay-je au transport qu'excite la colere?
Mais j'apperçoy la sœur, il faut revoir le frere;
Et si ce frere ingrat me monstre un lasche cœur,
840   Alors pour me vanger je reverray la sœur.

SCENE II.

DYNAMIS *seule.*

A Quelle extremité me suis-je destinée?
Vouloir abandonner un Throsne où je suis née;
Vouloir sortir du rang & du nombre des Dieux,
Est-ce garder un cœur illustre & glorieux?
845   Est-ce avoir merité de porter la Couronne,
Que de vouloir quitter la splendeur qu'elle donne?
N'est-ce pas à sa honte & dire & témoigner
Ou qu'on a regné mal, ou qu'on ne peut regner?
Que l'on ne dise point qu'il est d'un grand courage
850   De quitter les Grandeurs que l'on eut en partage,
Et qu'il n'appartiendra qu'aux esprits genereux
De mépriser les biens qui nous rendent heureux
Quiconque a le premier inventé ces Maximes,
N'avoit jamais porté de Sceptres legitimes.
855   Ce fut quelque Tyran justement malheureux
Que la necessité rendit si genereux;
Et qui desja forcé de ceder la victoire,
Chercha dans son debris[1] quelque ombre de la gloire.
Non, non, quiconque estime un si hardy mespris,
860   Ne connoist pas d'un Sceptre & la gloire & le prix.
Enfin si quelquefois on a veu des Monarques
Quitter de leur Grandeur les éclatantes marques,
Ils ont pleuré leur faute, & pour leur chastiment
Ils s'en sont repentis dés le mesme moment.

---

[1] Sa ruine. 'Il lui resta de grandes choses du débris de sa fortune.' (*Dict. de l'Académie,* 1694).

865   Par leur aveugle erreur, le juste Ciel enseigne
Qu'il les voulut punir des fautes de leur regne;
Et ce que l'ignorance appelle icy vertu,
Est la punition d'un Monarque abbatu.
Pour moy, si doucement la Fortune me traitte,
870   Que je connois ma faute avant que d'estre faite.
Quoy! pour me conserver contre un ambitieux,
Je fuirois laschement d'un Throsne glorieux?
C'est mal sauver sa gloire à l'extréme reduite,
Que de s'imaginer la sauver par la fuite.
875   Quoy! j'abandonnerois le pouvoir souverain
Qui peut seul me vanger d'un subjet inhumain?
Esprouvons une fois que la seule vengeance
Est le plus beau present que donne la puissance.
Si le Throsne en naissant[1] me servit de berceau,
880   Que le Throsne en mourant me serve de tombeau.
C'est de là que mon bras lancera cette foudre,
Qui doit faire chercher un Geant dans la poudre[2];
C'est de là qu'un cruel foudroyé justement
Fera voir par sa mort s'il estoit mon Amant.
885   Regnons pour nous vanger d'une ame audacieuse,
Et vengeons nous enfin pour regner glorieuse.
Du moins s'il faut qu'un jour mon destin & ma foy
Me rendent la compagne & l'espouse d'un Roy,
Je ne devray pas plus à son amour extréme,
890   Que parmy ses Grandeurs il me devra luy mesme;
Ce me seroit sans doute une honteuse loy
D'estre Reyne par luy, pouvant l'estre par moy.
Non, non, si son Amour me donne une Couronne,
Il faut que mon Amour mesme gloire luy donne.
895   Icy l'orgueil est juste; & l'Amour & ses feux
Sont indignes de moy, s'ils ne sont orgueilleux.

SCENE III.

DYNAMIS, TRASILE.

MOn frere, j'ay d'un œil qu'esclaire la prudence
Du dessein que j'ay fait regardé l'importance.
Je voy bien qu'il est grand, illustre & genereux,
900   Et qu'en nous dépouillant il nous rend bien heureux.

TRASILE.

Ainsi vostre repos, comme celuy des Sages,
Ne sera point troublé ny sujet aux orages,
Et vous ne perdrez pas le pouvoir souverain,

---

[1] A ma naissance. Aujourd'hui, l'emploi de cette expression n'est correct que si elle a le même sujet que celui de la proposition où elle s'insère.
[2] Poussière.

905
Puis qu'il sera pour vous redoutable en ma main,
Puis que je n'employrai la force qu'il me donne
Que pour vous eslever plus haut que la Couronne.

DYNAMIS.

Enfin de quelque espoir qu'on se puisse flatter,
La Courronne a des maux qu'on ne peut éviter;
Plus grand est le repos, plus grande est la conqueste
910
A l'avoir sous les pieds que l'avoir sur la teste.
Mais quoy que ce dessein m'offre un bien tout parfait,
Il n'est pas temps encor d'en venir à l'effet.
Je veux, je veux en Reyne obtenir la victoire,
Et vaincre par le fer l'Ennemy de ma gloire;
915
Je ne veux pas enfin que la necessité
S'impute une action de generosité;
Je ne veux pas charger un frere que j'estime,
D'un Sceptre qu'on dispute, & qu'attaque le crime;
Car ce n'est rien donner, ou c'est donner bien peu,
920
Que de donner un Throsne alors qu'il est en feu.
Quand j'auray noblement triomphé d'un rebelle,
Quand il mordra la terre, & son sang avec elle,
Alors par des degrez & beaux & glorieux
Je descendray d'un Throsne aussi haut que les Cieux.
925
Je te presenteray le Sceptre avecque gloire,
En te le presentant du Char de la victoire.
L'honneur, que je veux seul, demeurera debout,
Et je ne perdray rien quand je donneray tout.
Alors sans ennemis donnant un Diadesme,
930
Je croiray iustement te monstrer que je t'ayme:
Car enfin si le Throsne est quelquefois un bien,
C'est quand il est tranquille, & qu'il ne craint plus rien.

TRASILE.

Vous me donnez bien plus en gardant la Couronne,
Que quand vostre faveur me l'offre & me la donne.
935
La generosité vous la faisoit ceder,
La generosité vous la fera garder;
Et je venois icy poussé d'un zele extréme,
Vous donner le conseil qui vous vient de vous méme.

DYNAMIS.

Ainsi puisque les Roys, seuls Juges souverains,
940
Tiennent comme les Dieux la Justice en leurs mains,
Je condamne à la mort ce Prince detestable,
Qui pense nous gaigner s'il se rendre doutable;
Je condamne à la mort cet Amant inhumain,
Qui croit se faire aymer les armes à la main:
945
Et quiconque à mes pieds viendra jetter sa teste,
En obtiendra des prix esgaux à sa conqueste.

Le sang d'un Ennemy de l'Estat & des Loix,
Est le plus beau present qu'on puisse faire aux Roys.

TRASILE.

950   Mais il fait demander, & je viens de l'apprendre,
Si par ses Deputez[1] vous le voulez entendre.
Il faudroit l'escouter.

DYNAMIS.

L'escouter?

TRASILE.

Je le croy.

DYNAMIS.

Il faudroit l'escouter! Vous fait-il de l'effroy?
Qu'il vienne en criminel qui demande sa grace,
Que son remords l'amene, & non pas son audace,
955   Alors nous suspendrons nostre juste couroux,
Et pourrons l'escouter prosterné devant nous.
Vient-il en cet estat surmonter ma colere?
Vient-il prendre la loy, plutost que de la faire?
Vient-il en suppliant, qui souhaite la paix,
960   Meriter que ma grace efface ses forfaits?
Non, non, ce n'est pas là le soucy qu'il se donne,
Quand son œil me regarde, il vise à ma Couronne,
En vain par cet Amour qu'il estale à nos yeux,
Il tasche de cacher un cœur ambitieux.
965   Comme l'ambition n'aspire qu'à paroistre,
Comme c'est un Geant qui ne tasche qu'à croistre,
Ce Monstre sous l'Amour se cache pour neant[2],
L'Amour est trop petit pour cacher un Geant;
On le voit, il paroist, & mes armes sont prestes
970   Pour abbatre aujourd'huy ce Monstre à mille testes.
Qu'on sorte sur[3] ce Prince injuste & forcené,
Et s'il faut l'escouter, qu'on l'amene enchaisné.
Enfin si vous m'aymez en veritable frere,
L'amitié vous apprend ce que vous devez faire.

---

[1] Emissaires, représentants. 'Celui qui est envoyé par un prince ou par une communauté pour traiter de quelque affaire'. (Furetière).

[2] En vain (mot à mot: *pour rien*).

[3] Qu'on fasse une sortie contre.

SCENE IV.

TRASILE *seul.*

975 MAIS, ô trop inhumaine & trop cruelle sœur,
L'amitié t'apprend-elle à me percer le cœur?
L'amitié t'apprend-elle à monstrer ta puissance,
En me rendant le but de ta folle inconstance?
Et crois-tu que l'on offre un Sceptre plein d'appas
980 Sans donner de la hayne en ne le donnant pas?
Non, non, tu n'as rien fait par cet exploict auguste,
Que rendre ma fureur & ma hayne plus juste.
Je poursuivois sans droict le Sceptre & le pouvoir,
Avant que ton erreur m'en eust donné l'espoir,
985 Maintenant quelque mal que le destin me livre,
Tu me les as donnez, j'ay droict de les poursuivre.
Tu m'as donné le Throsne, enfin il m'appartient,
Et j'ay droict de l'oster à qui me le retient.
Et si mon entreprise estoit hier un crime,
990 Toy-mesme maintenant tu la rends legitime.
Tu me permets d'armer mon bras authorisé,
Et de n'attendre pas d'estre encor abusé.
Le Sceptre est de ces biens qu'on ne sçauroit attendre,
Et lors qu'on le promet, on enseigne à le prendre.
995 Quoy, parce qu'une sœur qu'aveugle trop d'Amour,
A receu devant moy la lumière du jour,
Il faut que la Nature, il faut que la naissance
Ayt mis[1] entre ses mains la supreme puissance?
Non, non, c'est une erreur que nous condamnerons:
1000 La Nature a failly, nous la corrigerons.
Ce fut moy qu'en sa place elle crût faire naistre,
Et le Sceptre en mes mains le[2] fera reconnoistre.
Je sçay que mes desseins jusqu'icy ruynez[3]
Rendroient les plus radis maintenant estonnez.
1005 Mais il n'importe; ayons la Fortune cruelle[4],
La Couronne vaut bien que l'on souffre pour elle;
Et nous ferons agir tant de crimes secrets,
Que peut estre quelqu'un aura quelque succez.

---

[1] Au XVIIe, le verbe est fréquemment au singulier quand il a deux sujets qui forment un couple (de synonymes ou d'antonymes).
[2] Fera reconnaître cela.
[3] Trois syllabes: ru-i-nés.
[4] Que le sort me soit cruel (au besoin); peu importe que le sort me soit cruel.

SCENE V.

PROXENE, TRASILE.

PROXENE.

1010
ENFIN sans de grands maux vous obtenez la gloire
Que donne rarement la force & la victoire;
Et j'offriray du moins la premiere à mon Roy,
Et mon obeyssance, & mon cœur & ma foy.
Si je ne puis avoir un plus noble partage,
Je me contenteray de ce seul avantage:
1015
Mais comme d'un objet qui seroit odieux,
Il détourne de nous & l'oreille & les yeux.

TRASILE.

Non, je n'espargneray ny le sang ny la peine.

PROXENE.

Il ne faut plus douter d'une chose certaine.
Je n'ay donc plus d'appas, ny Trasile de foy;
1020
J'aurois donc des beautez si j'estois sœur d'un Roy?
Ne nous regardez plus; vous faites bien, Trasile,
L'Amour a plus d'attraits quand il est plus utile.
Vous feriez une injure au pouvoir souverain,
S'il ne vous rendoit pas si superbe & si vain.
1025
Et de quelque mépris que vous donniez des marques,
J'excuse cet orgueil en de nouveaux Monarques.

TRASILE.

Venez-vous donc, cruelle, au lieu de m'assister,
Ayder à[1] la fortune à me persecuter?

PROXENE.

1030
Vous plaignez vous desja que la Couronne pese?
Que l'on n'est pas assis sur un Throsne à son aise?
Et que le plus beau Sceptre aux yeux de l'Uniuers,
N'est qu'un arbre fertile en fruits tousjours amers?
Attendez à former cette plainte commune,
1035
Que vous ayez du Throsne esprouvé la Fortune.
Ce n'est pas meriter pour prix de ses travaux,
La gloire d'estre Roy, que d'en craindre les maux.

---

[1] Construction usuelle au XVIIe.

TRASILE.

Est-ce hayne, risee[1], ou plutost jalousie?

PROXENE.

C'est, si vous le voulez c'est une frenesie[2],
Mais....

TRASILE.

Mais escoutez moy...

PROXENE.

                Plus vous me parlerez,
1040   Esprit ambitieux, plus vous me tromperez.
           Voulez-vous excuser une ame criminelle,
           Moy-mesme en sa faveur j'excuse un infidelle?[3]
           Le Sceptre vaut bien peu quand il est presenté,
           S'il ne vaut pas qu'on fasse une infidelité.
1045   Allez, allez, ingrat, jouyssez de vos crimes,
           N'ayez jamais de biens ny d'honneurs legitimes
           Mais sçachez qu'un meschant ne doit pas outrager
           Quiconque sçait son crime, & qui peut se vanger.

SCENE VI.

TRASILE *seul.*

           QUOY, tu m'as menacé? mais parmy ces disgraces,
1050   Tu m'apprends à te perdre alors que tu menaces.
           O Dieux, qui m'inspirez ces desseins glorieux,
           Falloit-il que j'aymasse estant ambitieux?
           Ou ne sçavois-je pas, ambitieux infame,
           Que des secrets sont mal dans l'esprit d'une femme?
1055   Et que l'ambition doit garder cette loy,
           De hayr tout le monde & de n'aymer que soy?
           Dois-je par ma ruyne[4] aujourd'huy reconnaistre
           Qu'en recevant l'Amour je recevois un traistre?
           Et de ce lasche cœur prit-il possession[5]
1060   Pour estre le bourreau de mon ambition[6]?
           Ta fureur me menace, orgueilleuse Proxene,

---

[1] Moquerie.
[2] Folie furieuse.
[3] Il faudrait reporter le point d'interrogation à la fin du vers précédent. Celui-ci, comme les suivants, est une affirmation ironique et amère.
[4] Ru - in(e).
[5] Quatre syllabes: po-sse-ssi-on.
[6] Quatre syllabes: am-bi-ti-on.

Mais haste ma ruyne[3] ou ta perte est prochaine.
J'ay perdu cet Amour qui seroit ton appuy,
Et je puis aisement te perdre avecque luy.
1065   Non, non, ne songeons plus que nous l'avons aymée,
Et que peut estre encor nostre ame en est charmée;
Mais regardons enfin & le gouffre & l'horreur
Où peut nous faire choir sa fatale fureur.
Quoy qu'elle me promette, & que je pusse[1] feindre,
1070   Elle sçait mes desseins, elle est tousjours à craindre.
Par une prompte mort il faut m'en delivrer,
Ce dessein est cruel, mais il doit m'asseurer.
Tirons des grands forfaits ce qu'on peut s'en promettre;
Ne nous ruynons[2] pas par la peur d'en commettre.
1075   Quiconque voulant vaincre ou voulant se vanger,
N'est qu'à demy meschant, est tousjours en danger.
Et d'où vient si souvent que tant de grands courages
Ont fait dans leurs desseins de funestes naufrages?
C'est que leurs cœurs craintifs à la pitié penchans,
1080   N'osent estre une fois entierement meschans.
Mais je voy repasser la cruelle Proxene,
Elle prend son chemin pour aller chez la Reyne.
Destins, que dois-je attendre? est-ce icy le moment
Où mon ambition doit cheoir au monument.[3]
1085   Non, non, degageons nous de ce profond abysme,
Et sauvons nous enfin d'un crime par un crime.

SCENE VII.

PROCLEE, TRASILE.

PROCLEE.

SEIGNEUR, où courez-vous?

TRASILE.

Chez la Reyne.

PROCLEE.

Je croy
Que vous devez attendre.

TRASILE.

Attendre, attendre, moy!
En sçais-tu le sujet?

---

[1] Malgré ce qu'elle me promet et ce que je *pourrais* feindre. D'où le subjonctif imparfait.
[2] Ru-y-nons.
[3] Tombeau.

PROCLEE.

Quelqu'un en diligence
1090   Est venu pour luy dire un secret d'importance.

TRASILE.

Qui donc? est ce Proxene? ô Dieux!

PROCLEE.

Je n'en sçay rien.

TRASILE.

Que feray-je?

PROCLEE.

Qu'a-il?[1]

TRASILE.

Rompons leur entretien.

PROCLEE.

Seigneur, pour mieux sçavoir ce qu'on est venu dire,
Le Reyne a commandé que chacun se retire.

TRASILE.

1095   Et que je n'entre point? Non, non; mais, avançons.

PROCLEE.

O Dieux, qu'il est troublé!

TRASILE.

Vainquons, ou perissons.

---

[1] Cf. la note au vers 1446.

SCENE VIII.

DYNAMIS, TRASILE, PROCLEE.

DYNAMIS.

HA mon frere! ha Proclée! ha que viens-je d'apprendre?

TRASILE.

Quoy donc?

DYNAMIS.

   Un si grand mal, qu'on ne peut le comprendre;
Un attentat si lasche, & si prodigieux,
1100   Qu'il fait trembler la Terre, & fait fremir les Cieux.
Ha mon frere! ha Grands Dieux! & qui pourroit le croire,
Que le crime se mesle où l'on aime la gloire.
Poliante, dit-on, helas le croirez-vous?
Est le lasche assassin du feu Roy mon espoux.

TRASILE.

1105   Poliante!

DYNAMIS.

   C'est là ce qu'on vient de me dire.

PROCLEE.

O Dieux, qui le croyroit!

TRASILE.

   A la fin je respire.
Mais de qui tenez-vous ce rapport odieux?

DYNAMIS.

D'un homme en qui l'on void la Justice des Dieux;
D'un fidelle sujet, bref du vieux Euristene,
1110   Qu'on a crû long temps mort; mais dites qu'on l'amene.
J'ay le cœur si pressé du coup que je reçois,
Qu'il me refuse icy la parole & la voix.

SCENE IX.

DYNAMIS, EURISTENE, TRASILE.

DYNAMIS.

FAITES, faites encore ce rapport effroyable,
Qui semble trop afreux, pour estre veritable.

EURISTENE.

1115   C'est exciter la haine & l'attirer sur moy,
De parler sans tesmoins contre un si puissant Roy;
Mais c'est me rendre aussi justement detestable,
De laisser l'innocent apparamment coupable.
Arcas, sorty des Roys vos Illustres Ayeulx,
1120   A paru trop long temps criminel à vos yeux;
Et c'est à mon advis gagner une victoire,
De rendre à l'innocent son estime & sa gloire.
Je ne vous diray point qu'apres un long effroy,
L'on perdit la bataille, où demeura le Roy;
1125   Que le mal fut si grand & la deroute telle,
Que jamais le Soleil n'en vid de plus cruelle.
Tout le monde oublia son courage & son cœur,
Et chacun prit la fuite où le poussa la peur.
Pour moy, voyant mon sang couler de cent blessures,
1130   Et de tous les costez de tristes avantures,
Je gaignay de grands bois, où chancelant d'abord,
Parmy quelques buissons je tombay comme mort.
Si j'y fus bien long temps, je ne sçaurois le dire;
Remarque-t'on le temps au poinct[1] que l'on expire?
1135   Mais enfin un grand cry qui perça tout ce bois,
Rappellant mes esprits, me tira des abois[2].
Je leve un peu la teste; à peine puis-je croire
Ce que me monstre icy ma funeste memoire,
Ainsi qu'à peine alors pûs-je croire mes yeux
1140   D'un acte si cruel & si prodigieux.
Je levay donc la teste, & je vis Poliante
Le visage enflammé, la main toute sanglante,
Qui retiroit du corps du Roy mourant ou mort
Un poignard effroyable avec un grand effort.

TRASILE.

1145   Il est vray, qu'on trouva sur son corps deplorable[3]
L'instrument de sa mort, ce poignard effroyable.

---

[1] Au moment où.
[2] De l'agonie.
[3] Digne de pitié, de pleurs.

EURISTENE.

A ce spectacle affreux & si plein de fureur,
Je tombe en mesme temps de foiblesse & d'horreur;
Je voulus m'escrier, mais la douleur pressante,
1150   Ou bien plutost le Ciel retint ma voix mourante,
De peur que l'assassin, venant à m'aviser[1],
Ne perdit le tesmoin qui pouvoit l'accuser.

TRASILE.

Mais pourquoy sçachant bien le poids de cette affaire,
Avez-vous fait si tard ce rapport necessaire?

EURISTENE.

1155   C'est que jusques icy le destin a permis
Que je sois demeuré parmy les Ennemis:
Car m'ayant rencontré, ces cruels m'entrainerent,
Et dans la servitude[2] ils me precipiterent.
Ainsi sans voir depuis que le Ciel & les eaux,
1160   J'ay tousjours avec eux vogué sur leurs vaisseaux,
Esclave malheureux, que la fortune adverse
Loin du monde habité priva de tout commerce[3].

DYNAMIS.

O Dieux, qui le peut croire, & ne s'emporter pas!

TRASILE.

Enfin vous connoissez l'innocence d'Arcas.

DYNAMIS.

1165   Qu'on tienne tout secret, & qu'on garde Euristene;
Icy tout m'espouvante, & tout me met en peine.
Mais le temps n'est pas loin qu'il faut entendre ceux
Que les Grands de l'Estat m'ont deputez pour eux[4].
Je doy m'y disposer.

TRASILE.

Voulez-vous les entendre?

---

[1] A m'apercevoir.
[2] L'esclavage.
[3] Relation, échange (avec des hommes).
[4] M'ont envoyé en leur nom.

DYNAMIS.

1170 S'ils ont de bons conseils je suis preste à les prendre.

TRASILE.

Vous avez refusé d'entendre ceux d'Arcas.

DYNAMIS.

J'escoute qui me plaist, & ne m'en parlez pas.

Fin du troisiéme Acte.

ACTE IV.

SCENE PREMIERE.

DYNAMIS.

UN frere me trahir! relevez-vous, Proxene,
Passez, & demeurez dans la chambre prochaine[1].
1175 Phillon, & vous Ligdame, allez tout de ce pas
Vous saisir en secret d'Iphis, de Lycidas,
Du vieux Licomedon & du jeune Pharnasse,
Et qu'on les mette à part aux tours d'Halicarnasse:
Mais[2] faites moy paroistre en cette occasion,
1180 Que je dois faire estat de vostre affection.
Ha que mon sort, fertile en tristes avantures,
Me fait en mesme temps d'incurables blessures!
Je ne m'estonne pas qu'un frere ambitieux
Jusques sur la Couronne ose jetter les yeux;
1185 Il est bien mal-aisé de sortir d'un Monarque,
Sans vouloir sur son front en porter une marque.
Mais ce qui m'épouvante & me remplit d'horreur,
Mais ce qui convertit mon Amour en fureur,
C'est que ce frere ingrat, ennemy de ma gloire,
1190 Veut par mon infamie obtenir la victoire.
Arrache, arrache-moy le pouvoir Souverain,
Fais briller malgré moy mon sceptre dans ta main,
Mais ne sois pas pour nous entierement funeste,
Et laisse-nous au moins quelque gloire de reste;
1195 Souffre qu'un peu d'honneur à mon destin rendu
Me puisse consoler d'un Empire perdu[3].
Quoy, meschant? quoy cruel? à l'heure, à l'instant mesme
Que je te presentois un fameux Diadéme,
Tes furieuses mains que les Dieux retiendront,
1200 Venoient avec horreur me l'arracher du front.
Je reconnois au moins par ce forfait insigne
Combien de mon pouvoir ton bras estoit indigne,
Et le Ciel a rompu ce charme plein d'éclat,[4]
Qui desja par mes mains couronnoit l'attentat,
1205 Et par qui trahissant moy mesme mon estime,
J'allois faire regner le coupable & le crime.
Cachons ce nouveau mal. Hé bien, ces deputez.

---

[1] Voisine.
[2] *Mais* pouvait avoir parfois une valeur non pas d'opposition mais de renforcement (bien plus, et même) conforme à l'étymologie (latin *magis, plus*) mais devenue rare aujourd'hui, sauf devant un terme répèté: je l'ai détesté, mais détesté.
[3] De la perte d'un empire.
[4] Le Ciel a mis un terme à cet ensorcellement plein d'éclat séducteur, trompeur.

SCENE II.

PROCLEE, DYNAMIS.

PROCLEE.

ILs n'attendent la loy que de vos volontez.

DYNAMIS.

Qu'ils attendent mon frere; ô dieux quelle surprise!

PROCLEE.

1210   A des maux incertains vous donnez trop de prise,
Vous avez trop tost crû ce rapport odieux,
Qu'à[1] peut-estre inventé le crime ingenieux.

DYNAMIS.

Mais Euristene a veu.

PROCLEE.

                Mais ce mesme Euristene,
Aux passions d'Arcas peut bien prester sa hayne.

DYNAMIS.

1215   Euristene si sage, & dont la probité
Passe facilement jusqu'à la saincteté.

PROCLEE.

Ce n'est pas le premier dont la saincte apparence,
A caché l'attentat sous un front d'innocence.
Ce qu'on void de plus pur se corromp à son tour:
1220   Enfin j'ay tousjours peur de tous ces saincts de Cour;
Et je croy que celuy qui me fait bonne mine,
De l'esprit & du cœur me perd & m'assassine.

DYNAMIS.

Quoy! tu croirois qu'Arcas desja presque abbatu,
Auroit osé tenter une telle vertu?

PROCLEE.

1225   Auroit-il employé pour cette perfidie,
Un meschant qu'on connoist, & dont on se deffie?

---

[1] Inadvertance pour *a*.

DYNAMIS.

Desja cette pensee a flatté mon Amour.
Mais helas! d'autres maux veulent paraître au jour;
Et je ne sçaurois dire en ce sort lamentable,
1230   Lequel de tous ces maux est le plus redoutable.
Je ne voy que poisons, que poignards, que cercueils;
Je vay de gouffre en gouffre, & d'escueils en écueils;
Et quand j'ay traversé mille & mille suplices,
Ce n'est que pour tomber dans d'autres precipices.
1235   Mais le voicy le traistre.

PROCLEE.

O Dieux, qu'ay-je entendu?

SCENE III.

DYNAMIS, TRASILE.

DYNAMIS.

ENfin les Deputez ont assez attendu.

TRASILE.

Icy vostre conseil est je croy necessaire.

DYNAMIS.

Mon Conseil songe ailleurs aux choses qu'il doit faire.
Qu'ils entrent. Prenez place. Il faut les escouter,
1240   Et suivre leurs conseils, s'ils peuvent profiter.

SCENE IV.

LES DEPUTEZ, DYNAMIS.

LES DEPUTEZ, *dont il n'y en a qu'un qui parle.*

CE n'est point l'interest, ce Tyran indomptable,
Qui nous a fait paraistre en ce lieu venerable,
Nous y venons pour vous, & poussez d'une ardeur
Qui n'a jamais bruslé que pour vostre Grandeur.
1245   Il court un mauvais bruit dans la Ville animee,
Et ce grand bruit n'en veut qu'à vostre renommee.
Il fait croire qu'Arcas, par vostre ordre attiré,
Vient recevoir de vous un Sceptre desiré;
Que vous voulez paroistre en un danger extréme

1250 Contrainte à luy ceder & le Throsne & vous-méme;
Et que pour estonner les timides esprits,
Vous avez bien voulu que l'on en fut surpris[1].
Ce bruit est faux, Madame, & les Dieux equitables
En foudroiront bien-tost les Auteurs detestables.
1255 Enfin dans ce desordre on a tenté nos cœurs;
Pour armer contre vous nos mains & nos fureurs,
Pour vous donner, Seigneur, la Grandeur souveraine;
Mais vous estes bon frere, & nous aymons la Reine.
Commencez donc icy par vostre jugement
1260 Du criminel Arcas le juste chastiment.
La hayne de l'Estat[2] justement descouverte,
Vous demande par nous & sa teste & sa perte,
Non pas pour satisfaire à nostre aversion,
Mais pour vous asseurer par sa punition.
1265 Si vostre cœur surpris luy cedoit la victoire,
Nous sçaurions malgré vous conserver vostre gloire;
Nous vangerions le Roy contre tant d'attentats,
Et dessus son sepulchre immolerions Arcas.
Que si comme d'un faiz[3] vostre main estoit lasse
1270 De porter toute seule un Sceptre qu'on menace,
Le Roy des Lyciens, Poliante amoureux,
Ce Prince renommé, ce Prince genereux,
Est seul de tous les Rois que la gloire environne,
Digne de vous ayder à porter la Couronne.
1275 Enfin nous demandons pour tous nos Souverains,
Que vostre authorité soit en vos seules mains;
Que de vostre Conseil vous esloigniez des traistres,
Qui se rendent desja nos Tyrans & vos Maistres;
Et qui d'un traistre encor se declarant l'appuy,
1280 Font voir leur trahison en vous parlant pour luy.
Ainsi vos bons sujets demeureront fidelles;
Ainsi vous osterez le pretexte aux rebelles.
Enfin voila nostre ordre. A ces conditions[4],
Esperez[5] nos respects & nos soumissions.
1285 Nous parlons librement, vostre bien nous y porte;
Et quand le zele est grand il parle de la sorte.

DYNAMIS.

J'ayme la liberté d'un zele genereux,
Et les sages conseils rendent les Rois heureux.
Je considereray vos advis salutaires.
1290 Je sauveray l'honneur du Throsne de mes peres;
Et quoy que je resolve, ou la guerre ou la paix,
J'auray tousjours pour but le bien de mes sujets.

---

[1] Que l'on fût surpris par Arcas, arrivant à la tête de ses troupes.
[2] Sa haine pour l'Etat.
[3] Fardeau.
[4] Quatre syllabes: diérèse de la finale (i - ons), de même qu'au vers suivant.
[5] Attendez, comptez sur.

SCENE V.

TRASILE, DYNAMIS, PROCLEE.

La Reyne resve quelque temps sur ce qu'on luy a dit.

TRASILE.

MAdame excusez-moy si je romps le silence:
Peut-on s'imaginer une telle insolence?
1295   Hé quoy, soufrirez-vous que leur temerité
Vienne imposer des loix à vostre authorité?
Que vos propres sujets pour les biens qu'ils reçoivent
Composent[1] avec vous des devoirs qu'ils vous doivent?
Esperez, disent-ils, à ces conditions,
1300   Esperez nos respects & nos soumissions.
N'est-ce pas faire voir leur criminelle audace,
Et jusques sur le Throsne apporter la menace?
Quoy, si vous ne suivez les orgueilleuses loix
Qu'ils donnent à leur Reine, & qu'ils vous font en Rois,
1305   Ils vous refuseront la juste obeyssance
Que leur condition doit à vostre naissance?
Esperez, disent-ils, à ces conditions
Esperez nos respects & nos soumissions.
Il faut, il faut punir cette audace fatale,
1310   Qui blesse presque à mort l'authorité Royale.
C'est cette authorité qui fait florir[2] les loix,
Et pour la maintenir tout est permis aux Rois.
Quand mesme des sujets, dont l'audace est si grande,
Donneroient le conseil que la gloire demande,
1315   Si c'est avec orgueil qu'ils viennent l'apporter,
Un Roy pour son honneur ne doit pas l'escouter.

DYNAMIS.

Vous me feriez regner par d'estranges maximes.
Nous laissons aux Tyrans les fureurs & les crimes.
Si les Rois rebutoient tous les libres discours,
1320   On les perdroit sans doute en les flattant tousjours.
Nous sçavons distinguer la liberté du[3] zele,
De l'orgueil criminel, de l'audace infidelle;
Et qui fuit les conseils, & les veut dedaigner,
Se declare luy-mesme indigne de regner.
1325   Si vous vouliez jouyr d'un pouvoir sans limites,
Et regner par les loix que vous avez prescrites,
Il faut vous advouer ce que je reconnois,
Qu'en vous nommant pour Roy je fis un mauvais choix.

---

[1] Traitent, 'Se dit aussi de tous les traités et accords qui se font dans les affaires civiles' (Furetière).
[2] Fleurir; cf floraison.
[3] Introduit un complément du nom *liberté*, et non pas du verbe *distinguer*.

TRASILE.

1330
Je reçoy toutefois, & j'estime & j'approuve
Un salutaire advis par tout où je le trouve,
Et je ne pretends pas en ennemy des loix,
Fermer aux bons conseils les oreilles des Rois.
Mais en domptant l'orgueil avec une menace,
Il faut monstrer à ceux qui font voir de l'audace
1335
Que nous executons les Conseils[1] genereux
Comme venans de nous, non comme venans d'eux.
Ainsi j'approuverois qu'une Amour esclattante
Joignist vos grands Estats à ceux de Poliante.

DYNAMIS.

1340
Ce Prince parricide! à qui nostre couroux
Peut enfin demander le sang de mon espoux?

TRASILE.

Qui l'accuse, Madame? un seul homme; peut-estre
Gaigné par un peu d'or, qui s'est rendu son maistre.
Un seul homme l'accuse; & de ce grand trespas
L'univers tout entier vient accuser Arcas.

DYNAMIS.

1345
Mais ce seul homme a veu cette action si noire,
Que l'Uniuers entier se contente de croire.

TRASILE.

Bien tost si vous voulez, sans bruit, sans passion,
Personne n'aura vu cette noire action[2].

DYNAMIS.

1350
Je sçay punir le crime; & l'on n'est pas coupable
Pour avoir veu commettre un crime detestable.

TRASILE.

Il l'est, il l'est assez, de blesser vostre espoir,
Et d'avoir veu le mal qu'il ne devoit pas voir.

DYNAMIS.

Quoy vous me conseillez l'hymen de Poliante?

---

1 Résolutions.
2 Trasile conseille la liquidation du témoin gênant, ce qui est caractéristique et de sa
mentalité et de sa stratégie: ce crime serait un argument de plus pour déposer
Dynamis. Cf. 1365 et s.

TRASILE.

1355
Regnez, regnez, Madame, & vous rendez contente.
Ouy, je vous le conseille; & que sert de regner,
Si l'on n'ose l'apprendre[1], & se le tesmoigner?
Suivez enfin les loix que l'Amour vous peut faire.
Le plus beau fruict du Sceptre est de se satisfaire.

DYNAMIS.

1360
Ha cruel! ha meschant! indigne d'une sœur
Qui vous a jusqu'ici monstré trop de douceur.
Non, je ne doute plus de tant de barbaries
Par qui vous augmentez le nombre des furies.
Pourquoy perdant le soing des passions d'Arcas
1365
Ne m'obligez-vous plus d'y trouver des appas?
C'est qu'il est innocent, frere ingrat & perfide,
Et qu'il faut pour ton bien que j'ayme un parricide.
Pourquoy pour Poliante à cette heure porté
Me persuadez-vous son Amour detesté[2]?
C'est qu'il est criminel, assassin, & perfide,
1370
Et qu'il faut pour ton bien que j'aime un parricide.
C'est qu'il faut que mon crime abbatant mes appuis
Serve aux tiens de degré pour monter où je suis.

TRASILE.

Moy, j'aurois ces desseins? le sang & la Nature
Me deffendent assez contre cette imposture.

DYNAMIS.

1375
La Nature & le sang par vos crimes confus,
S'estonnent de se voir jusques-là corrompus:
Ouy, meschant, je sçay tout.

TRASILE.

                                    Que sçavez-vous, Madame?

DYNAMIS.

Le voulez-vous sçauoir, regardez dans vostre ame.

TRASILE.

Elle est pleine pour vous & de zele & de foy.

---

[1] A se rendre content.
[2] Que je déteste.

DYNAMIS.

1380   Il faut s'en éclaircir, & pour vous & pour moy.

TRASILE.

Je ne crains rien, Madame, à quoy que l'on m'expose.

DYNAMIS.

Et moy j'apprends de vous à craindre toute chose.

TRASILE.

Vous reprendrez bien-tost un meilleur sentiment.

DYNAMIS.

Cependant[1] demeurez dans cet appartement,
1385   Et pour vous témoigner à quel poinct je vous ayme,
Icy vous répondrez vous mesme de vous mesme.

TRASILE.

Il faut vous obeyr, mais c'est me traiter mal.

DYNAMIS.

Un autre feroit pis en un peril égal.

PROCLEE.

Est-il en seureté[2]?

DYNAMIS.

Ne crains pas le contraire,
1390   L'ordre est desja donné de ce que l'on doit faire.
Enfin pour m'assurer dans ces maux infinis,
Donne Proxene en garde à la sage Argenis.

SCENE VI.

DYNAMIS *seule*

HElas jusqu'à ce poinct mon malheur est extréme,
Que s'il faut me vanger, c'est sur tout ce que j'ayme;
1395   Et si ce foible cœur n'ose pas se vanger,

---

[1] En attendant, pendant ce [temps].
[2] Bien gardé, empêché de s'échapper.

Ou je me rends infame, ou je suis en danger.
Un frere ambitieux, & pour nous insensible
Peut-il vivre coupable, & nous laisser paisible?
Car enfin quand un cœur qui prend tous ces détours
1400   Veut une fois un sceptre, il y pretend tousjours.
Puis-je aimer un amant, un amant si coupable
Sans me rendre par tout infame & detestable?
Puis-je ne pas vanger le meurtre de mon Roy,
Sans meriter enfin qu'on le vange sur moy?
1405   O fortune! dy-moy si jamais avanture
A d'un coup plus estrange estonné la Nature.
J'ayme par un effect du Celeste courroux,
J'ayme sans y penser l'assassin d'un espoux,
Et ceux dont la fureur en veut une vengeance,
1410   Me conjurent poutant d'estre sa récompense.
Ils aiment comme moy, ce qu'ils pensent haïr,
Et veulent couronner ce qu'ils veulent punir.
Enfin je reconnois combien on le revere,
Malgré tous les efforts d'un si barbare frere,
1415   Tout le monde l'adore, & ce n'est qu'à mes yeux
Que le sort le transforme en un monstre odieux.
Tout le monde consent, tout le monde conspire
A tout ce que je veux, à tout ce qu'il desire,
Et luy seul est icy l'obstacle malheureux,
1420   Et de ce qu'il desire, & de ce que je veux.
O Dieux qui regardez dans mon ame incertaine
Tantost mourir l'amour, tantost naistre la hayne,
Devons-nous estouffer l'amour dans le courroux?
Mais si nous le devons, ô Dieux le pouvons-nous?
1425   Es-tu crime ou fureur dans mon ame insensee?
Amour que j'idolastre, & dont je suis blessee[1],
Si c'est une fureur, m'en doit-on condamner?
Un malade en fureur se peut-il gouverner?
Si c'est un crime enfin qu'accuse ma justice,
1430   Ainsi qu'il est mon crime, il devient mon supplice;
En vain en combattant cet amour obstiné,
Je l'ay jugé coupable, & je l'ay condamné;
Tousjours dedans mon cœur rencontrant un refuge
Le coupable devient le bourreau de son Juge.
1435   Mais devons-nous si tost sur un simple rapport
Prononcer contre nous un jugement de mort?
Devons-nous croire tout, & nous tromper nous mesme?
Mais que ne croid on pas, quand on craint & qu'on ayme?
Helas! mais je le voy.

---

[1] *Atteinte* et non pas *offensée*.

SCENE VII.

POLIANTE, DYNAMIS.

POLIANTE.

Enfin je croy qu'Arcas
1440   Puni de ses desseins ne triomphera pas.
Je viens de voir vos gens de qui le grand courage
Est de vostre triomphe un asseuré presage,
Et je viens recevoir d'un regard de vos yeux
La force & le pouvoir de vaincre un furieux.
1445   Mais pourquoy ce regard si triste & si severe
Pousse-il[1] contre moy comme un trait de colere?
Craignez-vous de punir par un bras irrité
Un Prince parricide, & desja revolté?
Et lors que la victoire est desja toute preste
1450   De fouler sous vos pieds sa criminelle teste?
Craignez-vous le moment heureux & fortuné
Qui fait voir l'ennemi deffait & ruiné[2]?

DYNAMIS.

O Prince! ô Dieux témoins d'une acte si perfide,
Ouy je crains de punir un Prince parricide.

POLIANTE.

1455   Par quels charmes puissans un Prince furieux
S'est-il rendu si tost[3] agreable à vos yeux?

DYNAMIS.

Par les charmes puissans de cette vertu mesme,
Par qui vous me gaignez, & par qui je vous ayme.
Mais pour ne rien cacher parmi de si grands coups,
1460   Si ce qu'on dict est vray, ce coupable c'est vous.

POLIANTE.

Moy!

DYNAMIS.

Le crime estant fait, estant irrevocable,
Je voudrois pour le moins qu'un autre en fust coupable.

---

[1] Prononcer: pousse-t-il; au seizième, ce *t* n'était pas écrit. A cette date, son absence est très archaïsante. Mais cf. les vers 1092 et 1625.
[2] Trois syllabes: ru-i-né.
[3] Si vite.

Enfin l'on vous a veu le poignard à la main,
D'un Roy vostre allié[1] tirer l'ame[2] du sein.

POLIANTE.

1465   Non, je ne niray point d'une bouche tremblante
Qu'on n'ait veu le poignard dans cette main sanglante.
Mais si la verité que vous découvre un Roy
Peut seule & sans témoins meriter de la foy,
Voyez, voyez enfin ce que vous devez croire,
1470   Et differez au moins à ruiner[1] ma gloire.
Je passois dans un bois tout seul abandonné,
Afin de rallier[3] le soldat estonné,
J'appellois, je criois, je faisois des reproches,
Mais je parlois en vain à d'insensibles roches.
1475   Là je trouvay le Prince estandu sur le sang
Que jettoit à grands flots & son sein & son flanc,
Et pour combler l'horreur d'une telle avanture,
J'apperceus un poignard caché dans sa blessure.
Je l'appelle, je crie, & j'invoque les Dieux,
1480   Mais desja le trépas avoit fermé ses yeux;
Et dés le mesme instant, ô Ciel je t'en atteste,
J'arrachay de son sein un poignard si funeste;
Les Dieux qui voyent[4] tout avec les mesmes soins,
Parleroient de la sorte, eux qui sont mes témoins.

DYNAMIS.

1485   Pourquoy donc jusqu'ici, comme l'on cache un crime,
Nous avez vous caché cet acte legitime.

POLIANTE.

De crainte d'obliger[5] de secrets ennemis
A m'accuser d'un mal que je n'ay pas commis.
Qu'auroit enfin servi de rompre le silence
1490   Qu'à vous faire plutost[6] soupçonner l'innocence?
Vous en a-t'on plus dit pour me rendre confus[7]?

DYNAMIS.

L'on n'en a pas plus dit, mais on en croira plus.
Et je croy cependant que pour sauver ma gloire
Je dois sur mon amour obtenir la victoire.

---

[1] Trois syllabes.
[2] La vie.
[3] Réunir, rassembler. *Le soldat* est ici un collectif: *la troupe.*
[4] Deux syllabes (licence archaïsante).
[5] Porter, pousser.
[6] Plus tôt.
[7] Me confondre, prouver ma culpabilité de façon à me laisser sans réplique.

POLIANTE.

1495   Me croyez-vous coupable?

DYNAMIS.

                Helas pour nostre bien
De peur de me tromper je ne veux croire rien.
Mais je doy regarder du Throsne où je souspire,
Ce que tout l'Univers & peut croire & peut dire.
Si ce fameux Arcas qu'on deteste aujourd'huy,
1500   Disoit autant [1]que vous, que croiriez-vous de luy?
S'il confessoit la fin d'un crime si funeste,
Respondez en un mot, que croiriez-vous du reste?
Il ayme, & vous aymez; & l'Amour en tous deux
Pourroit estre suspect d'un crime si honteux.

POLIANTE.

1505   Moy soupçonné d'un crime! & me voir sans defence!
O Dieux, montrez-vous Dieux en montrant[2] l'innocence.
Moy soupçonné d'un crime, & soupçonné par vous!
Quel foudre donneroit de plus sensibles coups?
Voulez-vous me reduire à vous faire une image
1510   De ce qu'à[3] fait pour vous mon bras & mon courage?
Et que pour me tirer d'un si funeste escueil,
J'emprunte icy la voix & les mains de l'orgueil?
Je le puis, je le dois; on peut tout entreprendre,
Et l'on peut estre vain[4] quand c'est pour se defendre.
1515   Songez combien de fois dans vos maux inhumains
Le Destin vous a mise au pouvoir de mes mains.
Si j'avois aspiré par ce crime effroyable
A la possession d'une Reyne adorable,
J'aurois sceu contenter mon desir absolu
1520   Lors que je le pouvois si je l'eusse voulu;
Nous aurions fait ceder vostre desir au nostre;
Qui fit le premier crime, auroit pû faire l'autre.[5]
Cependant qu'ay-je fait que n'advoüast [6]un Roy?
Jettez par tout les yeux, tout parlera pour moy.
1525   Vous vous direz vous-mesme, il a sauvé ma gloire,
Il a mis dans mes mains la force & la victoire,
Et ne m'a découvert son amour & son cœur,
Que quand il le pouvoit sans que j'en eusse peur.
        Ouy devant que mon cœur, de qui vous estes l'ame,
1530   Se monstrast à vos yeux plein d'amour & de flame,
J'ay voulu vous revoir dans cette liberté

---

[1] La même chose.
[2] En désignant.
[3] Inadvertance pour *a*.
[4] Vaniteux, orgueilleux.
[5] C'est à dire la violer ou pour le moins la contraindre à l'épouser.
[6] Qu'un roi ne reconnaîtrait pas; l'accord de cet irréel de dénégation avec un verbe principal au passé entraîne le subjonctif imparfait.

          Que donne aux Potentats l'entiere authorité;
          J'ay voulu vous revoir puissante & souveraine,
          En estat de noüer ou de rompre ma chaisne;
1535   Et que vos volontez maistresses à leur tour,
          Me pussent refuser ou donner vostre amour.
          Le crime, qui n'agit que par la violence[1],
          Eust-il pû se resoudre à tant de patience[1]?
          Le crime qui peut tout, quand tout est agité,
1540   Eust-il pû s'en remettre à vostre volonté?
            Et mesme, maintenant que vos yeux invincibles
          Rendent dans mon esprit leurs flames plus sensibles,
          Si voulant vous servir de vos droicts absolus,
          Vous me disiez enfin, Va je ne t'aime plus:
1545   Je deffendrois la plainte à mon ame asservie,
          Et me contenterois de vous avoir servie.
          Est-ce là la fortune & le prix esclattant
          Que le crime recherche, & dont il est content?

                        DYNAMIS.

          Ha Prince, si ma bouche estoit jamais contrainte
1550   De donner à ton cœur cette mortelle atteinte,
          Le mien premier blessé periroit le premier,
          Et pour le moins l'Amour y mourroit le dernier.
          Mais si cette amitié[2] de ma gloire ennemie,
          Ne peut s'entretenir qu'avec mon infamie,
1555   Moins sensible à l'honneur qu'à l'ardeur de tes feux,
          Voudrois-tu que j'aymasse où l'amour est honteux?
          Seroit-ce pas me dire en ta fureur extréme,
          J'ay fait un parricide à dessein que l'on m'ayme?
          Car qui veut estre aymé quand l'honneur le defend,
1560   Feroit pour estre aymé ce que le crime apprend.

                        POLIANTE.

          Non, non, j'ay merité vostre haine indomptable,
          Si d'un amour honteux je vous juge coupable[3];
          Et puisque vos soupçons me peignent à vos yeux
          Comme un Prince cruel, comme un Prince odieux[4],
1565   Exercez sur mon ame une force inhumaine,
          Ostez-moy vostre Amour, donnez-moy vostre haine,
          Armez la contre moy de toute sa fureur,
          Pourveu qu'elle me perde, elle m'est sans horreur.
          J'ayme mieux, en l'estat où le Ciel m'abandonne,
1570   La haine qui me perd, que l'Amour qui souçonne[5].

---

[1] Diérèse : vi-o-lence, pa-ti-ence.
[2] Amour. 'Affection qu'on a pour quelqu'un [,,,] On le dit encore [= aussi] en matière d'amour' (Furetière).
[3] On attendrait, me semble-t-il, *capable*.
[4] Trois syllabes: o-di-eux, bien qu'au vers précédent *yeux* compte pour une seule syllabe.
[5] *Soupçonne.*

DYNAMIS.

Tu demandes ma haine, & parmi nos combats
S'il falloit la donner, je ne le pourrois pas.
Mais s'il falloit sur toy punir un si grand crime,
Je le pourrois enfin pour sauver mon estime;
1575 Et je me vangerois d'un Prince souverain,
L'Amour dedans le cœur, & la haine en la main.

POLIANTE.

Au moins vous permettrez à ma foible puissance
De faire quelqu'effort pour sauver l'innocence.
Il faut, il faut qu'Arcas cedant à ma vertu,
1580 Me releve en vostre ame où je suis abbatu:
Et par mesme victoire il faut sous sa ruyne
Estouffer de vos maux la fatale origine.

DYNAMIS.

Ne fay rien pour un cœur peut estre envenimé
Qui ne sçait plus s'il t'ayme, & s'il t'a bien aimé.
1585 S'il faut hayr un jour ton bras & ton courage,
Ne fay rien qui m'oblige à t'aymer davantage.

POLIANTE.

Je cherche un parricide afin de me sauver.

DYNAMIS.

Et moy qu'il fait souffrir, je crains de le trouver.

POLIANTE.

Ou la force & l'esclat d'une juste victoire
1590 D'un Prince malheureuz relevera la gloire;
Ou pour le moins la mort, qui finit les malheurs
D'un si honteux soupçon m'ostera les douleurs.
Et comme je pretends par une noble envie,
Vous servir par ma mort ainsi que par ma vie,
1595 Cette fatale mort, qui me soulagera,
Si je suis parricide, au moins vous vangera.

SCENE VIII.

DYNAMIS, *seule.*

IL me quitte, il s'enfuit, ô Dieux que va-t'il faire?
Va-t'il à son supplice, ou bien à son salaire?
Et doit-il estre enfin dans cet évenement
1600   Ou justement vainqueur, ou vaincu justement?
J'ay crû que son discours feroit cesser la peine
Qu'à[1] fait naistre en mon cœur le rapport d'Euristene;
Et son discours, fatal à mon contentement,
Confirme avec horreur ma haine & mon tourment.
1605   Si je croy l'apparence, il est digne du foudre;
Si je croy l'apparence, il faut aussi l'absoudre:
Et de quelque costé que se tournent mes vœux,
L'innocence est suspecte, & le crime est douteux.
Voyant presque ta main de ce meurtre sanglante,
1610   Puis-je t'aymer encor, malheureux Poliante[2]?
Et dois-je encor hayr par un Arrest fatal,
Arcas, presque purgé par son propre rival?
O Dieux! qui doit avoir ou le prix ou la peine?
Monstrez ou[3] doit aller mon Amour ou ma haine,
1615   Et ne permettez-pas que mon cœur innocent,
Fasse un crime en aymant ou bien en hayssant.
Mais mon esprit troublé ne sçait ce qu'il demande,
Je demande du jour,[4] c'est ce que j'apprehende.
A quelles passions devons-nous obeyr?
1620   Icy je crains d'aymer, & je crains de hayr;
Je n'ose demander dans des nuicts si funebres,
Qu'un peu plus de clarté dissipe mes tenebres;
Et c'est à mon esprit, de ses flames honteux,
Une espece de bien de demeurer douteux.

Fin du quatriéme Acte.

---

[1] Inadvertance pour *a.*
[2] Po-li-ante.
[3] *Où.*
[4] De la lumière sur la vérité des faits.

ACTE V.

SCENE PREMIERE.

PROCLEE, PROXENE.

PROCLEE.

1625   LA Reyne veut vous voir.

PROXENE.

La Reyne doute-elle[1]
D'un rapport aussi vray que je luy suis fidelle?

PROCLEE.

Je ne le pense pas; mais elle veut vous voir,
Et croit qu'il reste encor quelque chose à sçavoir.
Entrez donc, elle attend.

SCENE II.

DYNAMIS, PROXENE.

DYNAMIS.

Je veux me satisfaire.
1630   Allez dire à Phorbas qu'il amene mon frere,
Proclee. Il faut, Proxene, aux yeux de tout l'Estat
Soustenir à Trasile un si grand attentat.
Il faut que devant moy Trasile vous responde,
Que vous le confondiez, ou bien qu'il vous confonde.
1635   Enfin ce crime est tel, que je voy du hazard[2]
A le croire trop tost de mesme que trop tard;
Et la Nature mesme, ou trompeuse ou fidelle,
Me parle pour un frere, & m'attire avec elle.

PROXENE.

La Nature souvent comme une illusion,
1640   Trompe qui veut la croire en cette occasion.

---

[1] Cf. la note au vers 1446.
[2] 'Signifie aussi péril, danger' (Furetière).

DYNAMIS.

Mais luy soustiendrez-vous ce forfait incroyable?

PROXENE.

Ouy, je luy soustiendray ce crime espouvantable.
Bien que le malheureux ayt dit pour se purger,
Que mon Amour jaloux a voulu se vanger,
1645   Et que, me diffamant[1] par de honteux mensonges,
J'impute à son esprit les crimes de mes songes;
Je soustiendrois de mesme en presence des Dieux,
Tout ce que je pourray soustenir à ses yeux.
Il est vray qu'il m'ayma d'une amour bien ardante,
1650   Puis que d'un si grand crime il me fit confidente,
Ne sçachant pas qu'un cœur genereux & prudent,
Sera tousjours du crime un mauvais confident.
Mais les Dieux protecteurs du pouvoir legitime,
Ont permis qu'il m'aymast pour découvrir son crime;
1655   Qu'il choisist un objet, de qui la noble ardeur
Preferast l'innocence à l'injuste Grandeur;
Et que pour rendre icy son chastiment extresme,
L'Amant fut accusé par son Amante mesme.
Enfin si j'ay bruslé d'un feu respectueux
1660   Tandis[2] que son amour me parust vertueux,
Je croy qu'ayant appris que j'aymois un coupable,
J'ay pû changer en haine un amour veritable,
Et que si le devoir doit le vaincre une fois.
C'est alors qu'il s'agit de l'interest des Roys.
1665   Ha Madame, j'ay honte, & je respands des larmes
D'accuser vostre sang de causer vos alarmes;
Mais lors que vostre sang attaque vostre sang,
Je ne doy regarder que vous & vostre rang;
Et l'on peut en verser par un coup necessaire,
1670   La moindre portion pour sauver la plus chere.

DYNAMIS.

Enfin vous m'avez dit que ce frere inhumain
A fait venir Arcas les armes à la main:
Cependant à l'abord de ce Prince rebelle,
Trasile n'a rien fait que de monstrer son zele.

PROXENE.

1675   C'est qu'à son attentat le sceours[3] a manqué;
C'est que le peuple esmeu[4] fut en vain provoqué,
Et que sa faction ou foible ou peu hardie,

---

[1] Se rapporte à 'le malheureux' et non à 'je'.
[2] Tant que.
[3] Coquille pour *secours*.
[4] Agité. On a essayé en vain de *provoquer* une *émeute*.

N'osa pas achever cette ample Tragedie.
Car tous ses partisans poussez par son couroux
1680   Devoient au bruit d'Arcas s'eslever contre vous,
Comme si vostre Amour autheur de ces tempestes
Eust Arcas appellé sur le Throsne où vous estes;
Et que d'intelligence avecque son party,
A vous faire ravir[1] vous eussiez consenty.
1685   Bref Arcas vint trop tost, & toute leur attente
Consistoit au depart du Prince Poliante.
Ainsi son seul aspect[2] a rompu leurs desseins,
Et ses yeux sont pour vous aussi forts que ses mains.

DYNAMIS.

Que parmy tant de maux si pleins de violence[3],
1690   Je trouve peu d'appuy dans toute ma constance?
Qui croiroit que Trasile, où parust tant de foy,
Cachast tant de fureurs & de crimes en soy?
Et qui de la vertu doit faire quelque estime,
Puis qu'elle ne sert plus qu'à deguiser le crime?

SCENE III.

DYNAMIS, PROCLEE, PROXENE.

DYNAMIS.

1695   HE bien l'amene-t'on?

PROCLEE.

Madame, il s'est sauvé,
Et ceux qui le gardoient vous l'ont seuls enlevé.

PROXENE.

Au moins vous connoissez par des preuves nouvelles
Qu'il a gagné les cœurs que vous croyez[4] fidelles.

DYNAMIS.

Et mesme je connois, moy qui dois le hayr,
1700   Qu'il me gaigna moy mesme afin de me trahir;
Et que par une erreur qu'un Dieu me fait connoistre
J'estois sans y penser du party de ce traistre.
Non, je ne doute plus de ces noirs attentats,

---

[1] Enlever.
[2] Sa vue, c'est à dire sa présence.
[3] Vi-o-lence.
[4] *Croyiez.*

Par qui ce furieux menaçoit mes Estats.
1705   Le criminel qui fuit d'un Juge legitime
Imprime à chaque pas des marques de son crime;
Et sans qu'il soit besoin d'un autre delateur,
Luy-mesme il est son juge & son accusateur.
Mais connoistre le traistre & sa pratique noire,
1710   Est un commencement de force & de victoire.

PROCLEE.

Mais ce mal est suivi d'un mal qu'on n'attend pas,
Et Trasile en fuyant l'a semé sur ces[1] pas.
On sçait de tous costez ce qu'a dit Euristene,
La ville s'en alarme, & chacun est en peine.
1715   Cependant Poliante[2] est en armes sorty;
L'on dit qu'il prend la fuite, & non vostre party;
Et qu'enfin le remords, le bourreau de sa faute,
Pour le gesner ailleurs vous l'enleve, & vous l'oste.

DYNAMIS.

Poliante fuiroit!

PROCLEE.

Pour le moins on le dit.

DYNAMIS.

`1720   Mon esprit est confus & demeure interdit.
Si Trasile en fuyant d'une prison funeste,
Rend aux yeux du Soleil son crime manifeste,
O cruel Poliante, ô Prince infortuné,
Que fait un Roy qui fuit quand il est soupçonné?

PROCLEE.

1725   Mais pour le moins encore attendés à vous plaindre,
Qu'un peu de verité vous y puisse contraindre.
Bien souvent tout le mal qui vient d'un bruit si haut[3]
C'est celuy qu'on se fait en le croyant trop tost.

DYNAMIS.

Mais lors qu'à son honneur sa presence est utile,
1730   Pourquoy si promptement abandonner la ville?
Je l'avois fait prier de tarder[4] cette nuit,
Et cependant il part, & l'on me dit qu'il fuit.

---

[1] Inadvertance pour *ses*.
[2] Po-li-ante.
[3] Fort.
[4] S'attarder, rester.

S'il est vray qu'une fuite infame & criminelle
Donne à ta renommée une atteinte mortelle,
1735 Je cache assez d'amour dans ce cœur enchanté[1],
Pour te laisser trouver un lieu de seureté.
Mais j'y conserve assez de force & de courage,
Pour te suivre par tout, pour vouloir ton naufrage,
Pour t'aller attaquer en Monarque odieux[2],
1740 Quand-mesme tu serois entre les bras des Dieux.
Je sçay ce que l'Amour demande à ma constance,
Mais je sçay mieux encore ce que veut la vangence.
Je sçay tout ce que veut mon bien & mon bonheur,
Mais je sçay mieux encor ce que veut mon honneur.
1745 O toy, mon cher espoux, dont la voix sans pareille
Sort de ton monument & monte à mon oreille,
Cesse de demander, je sçay ce que tu veux:
Nous l'aimons, il est vray, mais nous suivrons tes vœux.
Puis-je mieux satisfaire à ton ombre animee[3],
1750 Qu'en luy sacrifiant[4] une victime aymee?
Oüy, les Dieux ont permis que nous ayons aimé
Ce qui fut par toy-mesme autrefois estimé;
Et sans tous ces soupçons, ta glorieuse[2] estime
Rendroit apres ta mort cet Amour legitime.
1755 Mais l'honneur permettra qu'à la face du jour
Nous vangions tes destins sur nostre propre Amour.
Est-il une vengeance & plus haute & de mesme[5],
Que celle où nostre cœur immole ce qu'il ayme?
Que celle où nostre Amour sans force & sans appuy,
1760 Est constraint de souffrir qu'on se vange sur luy?
Ha Proxene, ha Proclee, avec mon avanture
Que l'on a de raisons d'aymer la sepulture!
Et qu'un sombre cercueil en l'estat où je suis,
Est preferable au Throsne où montent tant d'ennuis[6]!

PROCLEE.

1765 Pardonnez-moy, Madame, & souffrez que je die[7]
Qu'à se persecuter vostre ame s'estudie[8].

DYNAMIS.

Il est vray, mais au moins c'est pour se preparer
D'endurer d'autres maux s'il les faut endurer.

---

[1] Ensorcelé. 'Enchanter: user de magie, d'art diabolique [,,,] Se dit figurément en morale de ceux qui se servent de paroles douces ou artificieuses pour plaire à quelqu'un, ou pour en tirer quelque avantage' (Furetière).
[2] Trois syllabes: o-di-eux, glo-ri-eus[e].
[3] Irrité (cf. animosité).
[4] Quatre syllabes: sa-cri-fi-ant.
[5] Comparable.
[6] Sens plus fort qu'aujourd'hui: *tourments.*
[7] Usuel à l'époque pour *dise.*
[8] S'applique.

PROCLEE.

1770
Est-ce aymer noblement & d'un Amour extresme,
De soupçonner si tost la personne qu'on ayme?

DYNAMIS.

Mais aussi responds moy, lors que l'on aime bien
N'est-ce pas s'aveugler que de ne croire rien?
L'Amour voit-il si clair contre son ordinaire,
Qu'il ne nous trompe plus au choix qu'il nous fait faire?
1775
Et ce que nous aymons d'un transport si puissant,
Parce que nous l'aymons, doit-il estre innocent?

PROCLEE.

Mais si ce Prince fuit, il est[1] de la prudence
Qu'un Monarque en peril cherche son asseurance,
Quoy lors qu'il est sans force & que ses envieux[2]
1780
Attaquent par ces bruits son renom glorieux,
Iroit-il desarmé s'exposer à l'audace?
Attendroit-il le coup dont il voit la menace?
Et lors qu'il ne se peut autrement asseurer,
Doit-il plustost perir que de se retirer[3]?
1785
C'est courage, il est vray, que de voir & d'attendre
Et les maux & les traicts dont on peut se deffendre,
Mais c'est aveuglement, fureur[4] & desespoir,
Que de vouloir combattre où l'on est sans pouvoir.

DYNAMIS.

Qu'est ce que le discours ne rend pas excusable?

PROXENE.

1790
Mais il entre, & ses yeux ne sont pas d'un coupable.

DYNAMIS.

O l'heureuse surprise! ô destin florissant,
Si plustost que vainqueur il revient innocent!

---

[1] Cela fait partie de.
[2] Trois syllabes: en-vi-eux et, au vers suivant, glo-ri-eux.
[3] Chercher un refuge.
[4] Folie.

SCENE IV.

POLIANTE, DYNAMIS.

POLIANTE.

Je ne sçay si mon bras a relevé ma gloire,
Mais au moins il revient avecque la victoire.
1795   Si toutefois le sort s'estoit assujetty[1]
A donner le triomphe au plus juste party,
Je pourrois me vanter qu'avecque la victoire,
Mon bras qu'il a conduit, ramene aussi ma gloire.
Enfin vos ennemis tous vaincus à la fois,
1800   Esprouvent que le Ciel est tousjours pour les Rois.

DYNAMIS.

Arcas est-il donc mort?

POLIANTE.

          Au moins on vous l'amene,
Pour rendre en expirant ses respects à sa Reyne.

DYNAMIS.

Dites-moy ce succez; s'il vous est glorieux[2]
Alors j'estimeray mon sort victorieux.

POLIANTE.

1805   A peine avec les miens j'estois hors de la ville,
Quand d'un autre coste j'ay veu sortir Trasile.
Peu de gens le suivoient, & courant à grands pas
Il se jette aussi-tost dans les troupes d'Arcas.
Nous nous en estonnons[3], & pourtant je m'avance,
1810   Moins fort par mes soldats que par mon innocence.
Bientost apres, Madame, il se fait un grand bruit,
Le camp d'Arcas se trouble, & quelque monde[4] en fuit.
J'apprends en mesme temps d'un espion[5] fidelle,
Que Trasile & qu'Arcas ont ensemble querelle,
1815   Que chacun prend party, que l'on est divisé,
Et qu'enfin le triomphe en paroist plus aisé.

---

[1] Engagé.
[2] Qui assure de l'honneur (honorable, mais avec un sens plus fort).
[3] Comprenez non pas que cette manœuvre les surprend, mais que ses conséquences (la force des adversaires réunis) les effraie, sinon les épouvante.
[4] Un certain nombre de personnes.
[5] Trois syllabes: es-pi-on.

DYNAMIS.

D'où vient cette querelle?

POLIANTE.

On m'a dit que Trasile
Croyoit trouver Arcas favorable & facile,
Mais qu'aussi-tost Arcas les armes à la main,
1820   L'avoit traitté d'ingrat, de traistre & d'inhumain,
Luy monstrant qu'il sçavoit ces pratiques si noires,
Dont il se promettoit tant d'infames victoires.
Trasile s'en excuse[1], Arcas ne l'entend point[2],
Enfin leur passion monta jusqu'à ce point,
1825   Qu'on en vit succeder, comme par quelques charmes,
Aux fureurs du discours la colere des armes.
Au reste l'on m'a dit qu'un soupçon seulement
A produit aujourd'huy ce grand evenement.

DYNAMIS.

Non, non, le juste Ciel a conduit une trame
1830   Qu'il a voulu luy mesme inspirer à mon ame:
Ainsi sçachant les vœux de Trasile & d'Arcas,
Que l'un vouloit la Reine, & l'autre ses Estats,
J'ay fait qu'Arcas a sceu le complot de Trasile,
Pour rendre en les troublant leur perte plus facile,
1835   Car quand des ennemis ont un corps si puissant,
On commence à les vaince[3] en les desunissant.

POLIANTE.

Ainsi sans y penser je vous doy la victoire.

DYNAMIS.

Donnez-m'en le repos, & prenez-en la gloire.
Mais enfin achevez. L'ennemy, disiez-vous,
1840   Paroissoit divisé.

POLIANTE.

Je le charge à grands coups,
Je prends[4] l'occasion, je renverse, je tue
Tout ce qui se presente à mon bras, à ma veuë,
Et comme d'un party la justice ou le tort
Oste, ou donne le cœur,[5] & le rend foible ou fort,

---

[1] Prétend que ce n'est pas vrai.
[2] Ne l'admet pas, refuse de l'entendre (cf. ne l'entend pas de cette oreille).
[3] Coquille pour *vaincre*.
[4] Saisis.
[5] Comme la justice ou l'injustice d'une cause ôte ou donne du courage à ses partisans.

1845   Le trouble estoit si grand parmi nostre aversaire,
        Qu'on eust dit qu'il aidoit luy mesme à se deffaire[1].
        Et que mes combattans vainqueurs à chaque pas,
        Estoient autant de Dieux convertis en soldats.
        Ainsi je cherche Arcas, & le trouve en sa tente
1850   Tristement estendu sur la terre sanglante;
        Trasile en mesme estat, & proche du trespas
        Vouloit se relever pour achever Arcas,
        Mais il tombe aussi-tost, & son bras sans puissance
        Refuse à son grand cœur d'achever sa vengeance.
1855   Alors je veux vanger le sang qu'il a perdu,
        Estimant que pour vous il l'avoit respandu;
        Mais me voyant l'espee & la main toute preste,
        Arcas mourant s'escrie, arreste, Prince, arreste,
        Et souffre pour le moins que mon dernier moment
1860   Soit utile à la Reyne, & l'oste de tourment.
        Trasile est plus que moy l'ennemy de la Reyne.
        Je le fus par l'Amour, mais il l'est par la hayne.
        Sçache donc, me dit-il... Mais on l'amene icy.

                        DYNAMIS.

Et Trasile, est-il mort?

                        POLIANTE.

                        On vous l'amene aussi:
1865   Et ce qu'a dit Arcas devant ces Capitaines,
        Qui vous rendent par tout les victoires certaines,
        Il faut qu'avant sa mort il l'estale à vos yeux,
        Et qu'il estonne encor & la terre & les Cieux.
        Peut estre que jamais avanture pareille
1870   Ne tomba dans l'esprit & ne toucha l'oreille.
        Mais ils ne sont pas loing, cet homme les menoit.
        Doit-on les faire entrer?

                        DYNAMIS.

                        Ouy, Prince, l'on le doit.
        Il faut que mes regards pour eux impitoyables,
        Achevent de punir ces deux fameux coupables.
1875   Qu'ils entrent. Justes Dieux qui les avez soumis,
        Ne scauroit-on regner sans avoir d'ennemis?

---

[1] Emploi de sens pasif (être défait, battu) d'un verbe de même racine que *défaite*.

SCENE DERNIERE.

DYNAMIS, ARCAS, TRASILE, PROCLEE,
les Deputez, PROXENE, POLIANTE.

DYNAMIS.

ENfin vous connoissez par de sanglantes marques
S'il est avantageux d'attaquer les Monarques,
Et que pour les meschans & les ambitieux[1]
1880	Le Throsne a son tonnerre aussi bien que les Cieux.

ARCAS.

O Reine, dont j'aymois & dont je crains la veuë,
Retenez un moment ce regard qui me tuë,
Et qu'il me laisse encore au moins un seul instant,
Pour rendre à ce grand Roy son renom esclattant.
1885	Ce criminel qui parle à ce bien peut pretendre
Qu'estant sans innocence, il peut icy la rendre.
Ouy, ce bras que la rage avoit fait souslever,
Versa le sang du Roy qu'il devoit conserver.

DYNAMIS.

O digne objet des coups de la fureur celeste!

ARCAS.

1890	Seigneur, la voix me manque, & j'ay dit tout le reste.

POLIANTE.

Ouy, Madame, il a dit qu'à la fin du combat
Qui fit presque tomber & vous & vostre Estat,
Sous ombre de sauver le Roy qu'il prit en garde,
Et que dans le peril trop de valeur hazarde,
1895	Il le fit traverser dans un bois escarté,
Où son bras inhumain fit cette cruauté;
Que là se voyant seul, plus fort & plus robuste,
Il perça de trois coups cette personne Auguste;
Qu'il vit sortir son ame avec un sang si cher;
1900	Qu'en le frappant encor il entendit marcher;
Et que la peur qu'il eut d'estre surpris en traistre,
Luy fit laisser le fer dans le cœur de son Maistre.

DYNAMIS.

Quel estoit ton dessein, meschant?

---

[1] Quatre syllabes, alors que *cieux* n'en fait qu'une.

ARCAS.

                                    Je vous aymois,
Et ce crime m'offroit le bien que j'esperois.

DYNAMIS.

1905   Est-ce assez d'une mort pour estre son supplice?

ARCAS.

Mais si ce crime est grand, Trasile est mon complice.

TRASILE.

Moy, meschant!

DYNAMIS.

Que dit-il?

ARCAS.

                                Oüy, vous l'avez voulu,
Et ce grand parricide entre nous fut conclu.
Comme vous estimiez son conseil salutaire,
1910   Et que l'aymant en sœur vous le croyiez en frere,
L'ambitieux promit à cét ambitieux [1]
Auecque vostre amour vostre hymen glorieux[1],
Esperant partager la grandeur souveraine,
Quand je tiendrois de luy la Couronne & la Reyne.
1915   Ainsi je contentay nos lasches passions[1],
Et devins criminel à ces conditions[1].

DYNAMIS *parlant à Trasile*

Quoy méchant ta fureur fit perir un Monarque,
Dont l'amour t'honnora d'une si belle marque,
Qui malgré ta naissance, & cette saincte loy
1920   Qui deffend de regner à qui naist comme toy,
Releva tes vertus par des couleurs si belles
Qu'il te rendit aymable à ses peuples fidelles,
Et leur fit consentir qu'au deffaut de mon sang[2],
Le tien pourroit regner & remplir nostre rang.
1925   Crois-tu que sa bonté releva ta naissance
Pour te donner sujet d'usurper la puissance.
Ha, lors qu'il te donna cét honneur infiny
Il fit sans doute un crime, & tu l'en as puny.
Mais que n'as-tu cruel assez de sang de reste
1930   Pour assouvir ma hayne & la hayne celeste?

---

[1] Diérèse de la finale: i-eux, i-ons.
[2] Au cas où je n'aurais pas d'enfant.

TRASILE.

O detestable Arcas! ô cœur peu genereux!
Indigne de cueillir les fruicts d'un crime heureux!
Quand tu peux pour le moins te conserver ta gloire,
Que[1] te sert en mourant de noircir ta memoire?
1935   O lasche, affectes-tu d'ayder à tes bourreaux
A trouver contre toy des supplices nouveaux?
Et par ta lascheté ta mort trop legitime
Sera-elle plus douce, en confessant un crime?
Rappelle dans ton cœur ta premiere vertu,
1940   Releve en perissant ton honneur abbatu.
Tu vois de tous costez ta peine descouverte,
Tu vois tes ennemis glorieux de ta perte,
C'est là ton plus grand mal; vange, vange toy d'eux,
En laissant leur croyance & ton crime douteux.

ARCAS.

1945   Execrable en ta mort, de mesme qu'en ta vie,
Si j'outrageay la Reyne au moins je l'ay servie,
En la vangeant sur toy d'un frere forcené,
A qui trop bonne sœur elle auroit pardonné.

TRASILE.

Parle-tu de pardon, ô lasche, ô detestable!
1950   Que la Reyne le garde, il est pour le coulpable.
Et pour me vanger d'elle & de ce brave Roy,
Je souhaite à tous deux des subjets comme toy.

ARCAS.

Et moy qui leur souhaite un regne favorable,
Que la paix rende heureux & tousjours indomptable,
1955   Je leur souhaite aussi des subjets & des cœurs,
Non comme j'ay vescu, mais ainsi que je meurs.

DYNAMIS.

Qu'on les oste. J'aymois à moy-mesme contraire
Un frere naturel de mesme qu'un vray frere,
Et maintenant encore un reste d'amitié
1960   Me fait de son destin avoir de la pitié.
Je voudrois le servir à l'instant qu'il m'opprime,
Je plains son triste sort, mesme en voyant son crime.
Et je deplore enfin ces geants abbatus
D'avoir mal employé de si grandes vertus.
1965   Hé bien, hé bien Proclée!
      Proclée qui avait suivi Arcas et Trasile revient.

_____

[1] A quoi.

PROCLEE.

Ils ne sont plus Madame.

DYNAMIS.

N'ont-ils rien dit?

PROCLEE.

Arcas n'a fait que rendre l'ame.
Mais Trasile pressé d'un remords devorant,
Je meurs avec justice, a-t'il dit en mourant.
O dieux! dont le pouvoir est plus fort que le nostre,
1970   Ainsi deux criminels sont bourreaux l'un de l'autre.
C'est tout ce qu'il a dit.

DYNAMIS.

Je profite en sa mort.
Au moins si ces[1] pareils apprehendent son sort.
Ainsi nous apprendrons & souverains & maistres,
Qu'un thrône est bien fondé sur le débris des traistres;
1975   Et le corps de l'Estat que menaçoit leur main,
Purgé d'un mauvais sang en deviendra plus sain.
Proxene c'est à toy que j'en dois l'avantage,
Et tousjours mon amour en sera ton partage.

POLIANTE.

Enfin ce tesmoignage & visible & pressant
1980   Fait voir que dans mon cœur l'amour est innocent.

DYNAMIS.

Mon erreur me fait honte, & me fait pour ma peine,
Au lieu de vostre amour meriter vostre hayne.

POLIANTE.

Vous ne deviez pas moins à la mort d'un espoux,
Et je vous croyois juste en me plaignant de vous.

LES DEPUTEZ.

1985   Mais enfin consentés qu'une juste alliance[2]
De deux fameux Estats contente l'esperance.
Si la paix qui revient n'y pouvoit sejourner
Les liens[3] de l'hymen l'y sçauront enchaisner.

---

[1] Coquille pour *ses.*
[2] Mariage.
[3] Deux syllabes.

POLIANTE.

1990
C'est par un si grand prix, c'est par cette victoire,
Que mes heureux destins peuvent combler ma gloire.

DYNAMIS.

Que ne puis-je honnorer un Roy victorieux[1],
Un Roy mon defenseur, d'un prix plus glorieux[1]?

POLIANTE.

Si j'ay vaincu pour vous le crime & l'injustice,
O que ce prix illustre[2] excede le service!
1995
C'est en recompensant estre assez liberal
Que de donner un prix aux services égal.
Mais vous voulez monstrer que pour payer en Reyne
Il faut donner un prix qui surpasse la peine.

FIN.

---

[1] Diérèse: -i-eux.
[2] Le prix que constitue le mariage.

GLOSSAIRE

N.B. Les sens indiqués ne valent que pour certains emplois; certaines acceptions ne concernent que les vers indiqués.

abord : cf. *d'abord.*

ainsi que : de même que, tout comme.

amant, amante : qui aime et est aimé - sans que cela implique en général de relations physiques, généralement bannies de la littérature après 1630.

apparence : vraisemblance.

assurer : mettre en sécurité.

aventure : événement (souvent extraordinaire ou frappant, mais sans l'idée de péripéties et d'imprévu que le terme implique aujourd'hui). *Mon aventure*: ce qui m'arrive.

charme : attrait ou attirance; mais le sens, plus fort, conserve quelque chose de l'acception originelle: ensorcellement, sortilège, philtre magique.

charmer: le sens est généralement plus fort qu'aujourd'hui et peut aller jusqu'à *ensorceler.*

coeur : courage.

connaître : constater, se rendre compte.

courage : ce qu'on a dans le coeur; peut désigner diverses sortes de sentiments.

d'abord : dès l'abord, aussitôt.

devant : avant.

disgrâce : malheur.

douteux : incertain - sans le jugement moral que ce qualificatif implique aujourd'hui; dans le doute (1624).

entendre : comprendre.

étonner : sens plus fort qu'aujourd'hui, jusqu'à *stupéfier, effrayer.*

foi : fidélité.

gêner : torturer.

généreux : étymologiquement: *de bonne race*; d'où *vaillant, valeureux,* sans idée d'altruisme ni de libéralité, sauf aux vers 741, 856, 899, 916 (surtout pas au vers 1931).

générosité : vaillance.

gloire : honneur.

glorieux : soucieux de son honneur ou fier (p.ex.v.1942).

injure : offense, injustice.

méchant : a plus de force et de dignité qu'aujourd'hui: *misérable.*

monument : tombeau.

objet : s'emploie aussi pour désigner une personne comme objet d'un sentiment (d'amour, de haine, de jalousie....).

perdre : faire périr.

Dynamis

pressé : oppressé, accablé.

prodigieux : peut avoir un sens négatif: *monstrueux*.

prudence : étymologiquement: *prévoyance*; d'où: *sagesse*.

purger : innocenter, disculper.

reconnaître : s'apercevoir, se rendre compte.

succéder : résulter.

succès : résultat, positif ou négatif. D'où des expressions comme 'des succès heureux' (8), 'un succès favorable' (26).

suivre : poursuivre, rechercher.

superbe : fier, orgueilleux.

travail : peine.

triste : funeste.

vertu : vaillance; parfois fort éloigné du sens moral: cf.1939.

TABLE DES MATIERES

D y n a m i s

TEXTES LITTERAIRES

Titres déjà parus